U0567230

海德格尔导论（修订版）

〔德〕彼得·特拉夫尼 著
张振华 杨小刚 译
张振华 修订

未来哲学丛书
孙周兴 主编

商务印书馆
The Commercial Press

Martin Heidegger: Eine kritische Einführung

Peter Trawny

© Vittorio Klostermann GmbH 2016

本书根据维托里奥·克罗斯特曼出版社2016年版译出

未来哲学丛书

主编：孙周兴

学术支持
浙江大学未来哲学研究中心
同济大学技术与未来研究院

商务印书馆（上海）有限公司 出品
The Commercial Press (Shanghai) Co. Ltd.

未 来 哲 学 丛 书

作者简介

彼得·特拉夫尼（Peter Trawny），1964年生于德国盖尔森基兴（Gelsenkirchen），在波鸿、弗莱堡、巴塞尔和乌泊塔等地学习哲学、音乐学和艺术史。曾在上海、维也纳与斯德哥尔摩等地任客座教授，创办乌泊塔大学海德格尔研究所。编有多本海德格尔全集。著有《海德格尔与荷尔德林或欧洲的明日》《苏格拉底或政治哲学的诞生》《Adyton：海德格尔的隐微哲学》《媒体与革命》《海德格尔与犹太世界阴谋的神话》《真理的危机》等。

译者简介

张振华，同济大学人文学院哲学系副教授，主要研究海德格尔哲学、现象学，兼及中文思想传统，著有《斗争与和谐：海德格尔对早期希腊思想的阐释》《心如直弦：一个青年学人的德国札记》，译有海德格尔《荷尔德林的颂歌〈日耳曼尼亚〉与〈莱茵河〉》、特拉夫尼《苏格拉底或政治哲学的诞生》等。

杨小刚，中山大学哲学系副教授，主要研究奥古斯丁哲学、古希腊晚期哲学、德国古典哲学，译有埃默里《变老的哲学》《罪与罚的彼岸》等。

总　序

尼采晚年不断构想一种"未来哲学",写了不少多半语焉不详的笔记,并且把他1886年出版的《善恶的彼岸》的副标题立为"一种未来哲学的序曲"。我认为尼采是当真的——哲学必须是未来的。曾经做过古典语文学教授的尼采,此时早已不再古典,而成了一个面向未来、以权力意志和永恒轮回为"思眼"的实存哲人。

未来哲学之思有一个批判性的前提,即对传统哲学和传统宗教的解构,尼采以及后来的海德格尔都愿意把这种解构标识为"柏拉图主义批判",在哲学上是对"理性世界"和"理论人"的质疑,在宗教上是对"神性世界"和"宗教人"的否定。一个后哲学和后宗教的人是谁呢?尼采说是忠实于大地的"超人"——不是"天人",实为"地人"。海德格尔曾经提出过一种解释,谓"超人"是理解了权力意志和永恒轮回的人,他的意思无非是说,尼采的"超人"是一个否弃超越性理想、直面当下感性世界、通过创造性的瞬间来追求和完成生命力量之增长的个体,因而是一个实存哲学意义上的人之规定。未来哲学应具有一个实存哲学的出发点,这个出发点是以尼采和海德格尔为代表的欧洲现代人文哲学为今天的和未来的思想准备好了的。

未来哲学还具有一个非种族中心主义的前提,这就是说,未来哲学是世界性的。由尼采们发起的主流哲学传统批判已经宣告了欧洲中心主义的破产,扩大而言,则是种族中心主义的破产。在黑格尔式欧洲中心主义的眼光里,是没有异类的非欧民族文化的地位的,也不可能真正构成多元文化的切实沟通和交往。然而在尼采之后,形势大变。尤其是20世纪初兴起的现象学哲学运动，开启了一道基于境域—世界论的意义构成的思想视野，这就为未来哲学赢得了一个可能性基础和指引性方向。我们认为，未来哲学的世界性并不是空泛无度的全球意识，而是指向人类未来的既具身又超越的境域论。

未来哲学当然具有历史性维度，甚至需要像海德格尔主张的那样实行"返回步伐"，但它绝不是古风主义的，更不是顽强守旧的怀乡病和复辟狂，而是由未来筹划与可能性期望牵引和发动起来的当下当代之思。直而言之，"古今之争"绝不能成为未来哲学的纠缠和羁绊。在19世纪后半叶以来渐成主流的现代实存哲学路线中，我们看到传统的线性时间意识以及与此相关的科学进步意识已经被消解掉了，尼采的"瞬间"轮回观和海德格尔的"将来"时间性分析都向我们昭示一种循环复现的实存时间。这也就为未来哲学给出了一个基本的时间性定位：未来才是哲思的准星。

未来哲学既以将来—可能性为指向，也就必然同时是未来艺术，或者说，哲学必然要与艺术联姻，结成一种遥相呼应、意气相投的关系。在此意义上，未来哲学必定是创造性的或艺术性的，就如同未来艺术必定具有哲学性一样。

我们在几年前已经开始编辑"未来艺术丛书"，意犹未尽，现在决定启动"未来哲学丛书"，以为可以与前者构成一种相互支持。本丛书被命名为"未来哲学"，自然要以开放性为原则，绝不自限于某派、某门、某主义，也并非简单的"未来主义"，甚至也不是要把"未来"设为丛书唯一课题，而只是要倡导和发扬一种基本的未来关怀——因为，容我再说一遍：未来才是哲思的准星。

孙周兴

2017年3月12日记于沪上同济

中译本序

吾友彼得·特拉夫尼（Peter Trawny）的《海德格尔导论》即要出版中文版，我是很高兴的，愿意在此写上几句。在德语世界，有关海德格尔思想的导引性著作已有许多种，比较出名的如珀格勒尔（Otto Pöggeler）的《海德格尔思想之路》（已有中译本）、费加尔（Günter Figal）的《海德格尔导引》、萨弗兰斯基（Rüdiger Safranski）的《来自德国的大师——海德格尔与他的时代》（已有中译本）等，可以说各有所长。而我个人仍旧愿意推荐目前还不太出名的彼得·特拉夫尼的这一本，原因大致有如下两条：

一、特拉夫尼此书谋篇精致、比例恰当。正文部分共五章，每章均分三节，前二章讨论海德格尔早期哲学，后三章讨论后期海德格尔，我认为这是合乎海德格尔思想各个时期的分量的。学界常把重点放在1930年之前的海德格尔上，甚至有言海氏哲学无非《存在与时间》（1927年）而已，这种想法实在是过于简单了，甚至有一点粗暴了。我以为，要论对于当代和未来的人类思想文化的关切，海德格尔的后期思想和作品肯定是更有意义的。

二、特拉夫尼此书思路清晰、不落俗套。全书实际上是以"生命""存在""历史""语言"和"技术"五大问题来展开论述，显得比较集中，抓住了海德格尔思想的关键部位，是做问题研究，而非那种纯粹传记式的写作。这种做法的前提自然是作者对海德格尔思想诸维面有全面的掌握，同时又有深入的思考。这又谈何容易呢？从师承上说，特拉夫尼属兰德格莱贝（Ludwig Landgrebe）、黑尔德（Klaus Held）一线，但他未拘泥于师门传承，而是更愿意依循实事和思想本身，故不乏创新的见识。

因此，当特拉夫尼两年前来同济哲学系任教时，我即向他建议让人把这本书译成中文出版，收入我主编的"同济·欧洲文化丛书"里。彼得便以此书为基础，在同济哲学系用德语讲授海德格尔哲学。课后请我的研究生张振华和杨小刚来承担这项译事。他们很好地完成了翻译任务，且译文品质不错——于我，这是双重的高兴了。

我谨向中文读者们推荐特拉夫尼这本《海德格尔导论》。

孙周兴
2009年11月11日

目录

导言　1

"生活的实际性"　15
现象学与解释学　15
"原始基督教的生活实际性"　26
以亚里士多德和柏拉图为开端　34

"存在之意义"　45
"此在"分析论或作为"向死存在"的生存　45
"存在论差异"　66
"此在"的"历史性"　79

"存在之历史"　87
希特勒与"另一开端"　87
"荷尔德林与德国人"　96
哲学与反犹主义　105
"本有"的结构　116
艺术和"世界与大地的争执"　128
"形而上学之克服"　135

语言作为"存在的家"　143

　　神与"诸神"　150

"技术的本质"　159

　　弗里德里希·尼采与恩斯特·云格尔　159

　　"谋制"与"合-置"　165

　　在"四合"中到达?　173

影　响　185

历史语境中的生平资料　197

进一步的研究文献　207

引征版本说明　209

重要概念索引　214

人名对照表　215

德汉译名对照表　217

译后记　221

修订新版译后记　223

导　言

> 我喜欢上一个哲学家，只是就他能够提供一个榜样而言的。①
>
> ——弗里德里希·尼采

"道路——而非著作"（全集卷1，第IV页）②，马丁·海德格尔在其逾百卷的全集开头这样写道。他想以此指明其思想的开放性、演示性特征。《林中路》（全集卷5）、《路标》（全集卷9）是其著作。《在通向语言的途中》（全集卷12）同样是他的哲学。《乡间路》（全集卷13，第87页以下）尤为思者所爱。复数的"道路"③表明其思想并非仅仅识得一条独一无二的、在一部"著作"之中得到完成的道路。

思想对海德格尔而言具有一种"道路特征"④。这意味着，相较

---

① 弗里德里希·尼采：《作为教育家的叔本华》（"Schopenhauer als Erzieher"），收于《不合时宜的沉思》(*Unzeitgemässe Betrachtungen*)，《考订研究版尼采全集》（KSA）卷1，科利（Giorgio Colli）与蒙提那里（Mazzino Montinari）编，德古意特出版社/德国袖珍书出版社（De Gruyter Verlag/Dtv）：柏林、纽约与慕尼黑，1980年，第350、351页。（中译参看尼采：《不合时宜的沉思》，李秋零译，华东师范大学出版社，2007年，第258页。——译注）
② 《海德格尔全集》的版本说明参看书后附录。
③ 海德格尔使用的Wege是Weg（道路）的复数形式。——译注
④ 马丁·海德格尔：《一种危险的迷误》（"Eine gefährliche Irrnis"），收于《海德格尔协会年刊》(*Jahresgabe der Martin-Heidegger-Gesellschaft*)，2008年，第11页。对此可参看彼得·特拉夫尼：《迷误接合：海德格尔的无-政府》(*Irrnisfuge. Heideggers An-archie*)，马蒂斯与塞茨出版社（Matthes & Seitz）：柏林，2014年。

于"著作"的产出，这种思想更在于其实行过程，"我没有为自己的哲学设立标签——其原因在于，我根本没有一种自己的哲学……"（全集卷35，第83页），海德格尔在一门讲授课中一度这样说。对海德格尔来说，哲学不是某种人们可以"拥有"的东西。哲学自行发生。它在思想中经验世界，为世界"开辟-道路"（be-wëgen），亦即"赋予道路"（Wegen versehen）（全集卷12，第186页）[①]。这样一种哲学理解并不确保其道路能够通向真理。相反，一种始终在路上的哲学有可能误入歧途。

"林中路"是某种歧路；这些路在森林中无端地断绝。"路标"是这样一些道路上的指示牌。要找到自己的路绝非易事。所以海德格尔的思想有时会把路搞错并且步入歧途。不畏错误、穷僻乃至暗昧之物是这种哲学所特有的激情。这种问题重重的激情可能在思想中迷途（因为不存在确定性），也可能始终保持在"正确的道路"上。这种激情是海德格尔哲学一再激起恼怒的原因之一。一方面，他是20世纪难得的真正重要的哲学家之一——对物理学家卡尔·弗里德里希·冯·魏茨泽克（Carl Friedrich von Weizsäcker）来说，他"或许是20世纪唯一的哲学家"[②]；另一方面，他遭到很多批评者激烈的拒绝。这些拒绝特别源自海德格尔在国家社会主义中不可救药地（heillos）误入歧途。

"一种哲学的深度——如若那是一种尺度的话——依其朝向歧途的力量而得到衡量"（全集卷95，第16页），海德格尔在其所谓的

[①] 参看海德格尔：《在通向语言的途中》，孙周兴译，商务印书馆，2005年，第191页，译文略异。——译注

[②] 里夏德·维塞尔（Richard Wisser）编：《众声中的海德格尔》（*Martin Heidegger im Gespräch*），弗莱堡与慕尼黑，1970年，第13页。

《黑皮本》之一的《思索七》中写道。2014年春，一部分笔记的出版在海德格尔思想的接受史中引发了一次山崩。虽然海德格尔在20世纪30年代初决意投身国家社会主义一事已然众所周知，却没有人意识到，在私人记录中所零星表达出来的反犹主义对他而言同样具有一种哲学上的重要意义。1938年至1948年间的《黑皮本》中的笔记恰恰证明了这一点。

因此，一部海德格尔哲学的导论必然要一道论及他的反犹主义。这是否是一个理由，干脆不要去写这样一部导论？我们是否必须要提防这样一种"哲学"？我们是否必须把它驱逐到历史的"毒物柜"中，而只向那样一些人开放，那些人所受的教育成熟到足以去辨识何为歧路？

海德格尔思想中暴露出来的反犹言论必须——这触及陈述的核心——得到清晰而明确的呈现。这一呈现业已包含某种特定的阐释，而这种阐释必须再次被特别地强调出来。解说过程将会确定海德格尔有关犹太人的笔记中从各个角度看呈现出极大问题和迷误的地方。与其他阐释者不同的是，我不认为海德格尔的整个思想能够被称为反犹的。我对自己写于2003年的《海德格尔导论》做了大幅修订，因为在对《黑皮本》有所了解之后我无法任其保持为原样。

然而，海德格尔思想中令人恼怒的挑衅式的东西不能化约为他在政治上和世界观上的错误。这些令人恼怒和挑衅式的东西有许多根源，似乎正是这些同样的根源已经激起并且不断激起着对这位思想家炙热的崇拜与严酷的蔑视。海德格尔最有影响力的学生之一汉斯-格奥尔格·伽达默尔，71岁时在一封信中表示，他必须感谢自己的老师。不过除此之外他还意味深长地补充道："……我也十分清楚，正是我温和适度的倾向以及一种底线的、几乎被提升为（解释学）原则的悬置不决（Unentschiedenheit）使我容易为人了解和容忍，而您原创性的全副投入则难以被理解并被视为不可容忍的。"①海德格尔的思想包罗万象，唯独不"温和适度"。这位哲学家察知极端，他直言不讳地把极致的东西解说为通常事物的尺度而且无意于反过来去思考。他总是对"决断"与"断裂"、深深的创口与生存的恐怖进行专题探究，不过他同样探讨每一种生命所了解的疗救者（Heilende）。而生命不是以极端的方式卷入20世纪上下半叶的战争与民族屠杀吗？确实，在哲学家们的眼中，20世纪的独特性在于他们必须回应20世纪的这些事件——世界大战、大屠杀、革命。欧洲历史上没有其他的世纪像20世纪这样令哲学无可回避地纠缠在其各种灾难之中。海德格尔的思想同样触及了这一世纪的灾难，并由此成为这个时代的一种回响。

当然，这并不意味着海德格尔充满挑衅的思想单单维系于一些具体事件。人们可以察觉到海德格尔对挑衅行为不加掩饰的热衷，在1952年的演讲中他说出了骇人听闻的话："科学不思想。"（全集卷7，第133页）②他没有意识到，他因此冒犯了无数科学家吗？他没有料想到，他侮辱了学院中的哲学学者吗？这些学者不愿遭遇一种经久不断的自相矛盾。这话虽然看起来如此富有挑衅意味，但若回到上下文的语境，就会变得同样明白可解。在另一处，海德格尔带着更大的激情再一次做出"决断"（Entscheidung），其表达方式使得人

---

① 汉斯-格奥尔格·伽达默尔：《致马丁·海德格尔通信选》（Ausgewählte Briefe an Martin Heidegger），收于《海德格尔学会年刊》，2002年，第43页。
② 参看海德格尔：《演讲与论文集》（修订译本），孙周兴译，商务印书馆，2018年，第144页。——译注

们无法对之漠然不闻。他问，哲学是否是现代意义上的科学？海德格尔从一开始就摆明，哲学要么是亚里士多德—黑格尔意义上的一切科学的科学，要么就压根儿不是科学。而如今以科学的方式进行自我解释的哲学，应当如何打发这样一种思想呢：任何一种对哲学必须在一个高于自己的——包括在道德上——主管机关乃至研究机构面前为自己辩护的要求都是不可接受的。

"思想即感谢"（Denken ist Danken）（全集卷8，第149页以下）[①]，在20世纪50年代初的一门讲授课中海德格尔如是说道。思想并非一门科学，而是一种"感谢"——这看上去是一种富有激情的夸大。这一表达同样一再引人惊诧，而且有时被归咎于他那媚俗化的作派。然而在这种思想里回响的只不过是在"理性"一词中同样听得到的东西，亦即，思想绝非自发而生的能力，相反，它被指派向它所"觉知"[②]的东西。看起来此处再度涉及一种"决断"：是思想自己造出其所思，抑或从某处接受其所思——是人自己发明了语言本身，抑或人造端于语言？

不过"思想即感谢"这句话还可以得到另一种理解。即便许多批评者惧怕海德格尔思想中完全不"温和适度"的语调以及那些事实上带有秘传性质的时刻，当他们从这些地方推想出一副先知姿态时，人们却不应忽视，20世纪的德国哲学家中没有任何一个人像海德格尔那样拥有如此之多的重要弟子，而且，他还与为数众多、各不相同的对话伙伴展开对话。在这些弟子中有汉斯-格奥尔格·伽

[①] 参看海德格尔：《什么叫思想？》，孙周兴译，商务印书馆，2017年，第165页以下。——译注
[②] 在德语中，理性（Vernunft）与觉知（vernehmen）是同根词，vernehmen还有听闻等意思。海德格尔还通常以vernehmen译解希腊词 *noéin*，这个希腊语有识别、觉察、理解、思维等义。——译注

达默尔、卡尔·洛维特①、汉斯·约纳斯②以及赫伯特·马尔库塞。汉娜·阿伦特显然从她的老师与情人那里获益匪浅。他与恩斯特·云格尔③一道加入了一场哲学论争。他与哲学家马克斯·舍勒和卡尔·雅斯贝尔斯进行了深入的思想交流。他与从前的精神分析学家梅达特·博斯④一起创立了"此在分析"（Daseinsanalyse）。详尽

---

① 卡尔·洛维特（Karl Löwith, 1897—1973）：犹太裔德国哲学家。在马堡大学师从海德格尔，并结识列奥·施特劳斯、格哈德·克吕格和伽达默尔。在海德格尔指导下完成教职论文，后任教于马堡大学。纳粹期间离开德国，先后辗转于意大利、日本和美国。1952年返德，在伽达默尔帮助下任海德堡大学教授直到退休。洛维特最重要的两部作品是《从黑格尔到尼采》和《世界历史与救赎历史》，都已有中译本。——译注

② 汉斯·约纳斯（Hans Jonas, 1903—1993）：犹太裔德国哲学家。马堡大学期间师从胡塞尔、海德格尔和布尔特曼，并结识阿伦特。活跃的犹太复国主义者。1933年离开德国，先后辗转于英国、巴勒斯坦和意大利，参加过1948年以色列独立战争，在耶路撒冷希伯来大学短期教书，最后移居美国任教于纽约社会研究新学院。研究领域涉及诺斯替主义、哲学生物学、技术伦理学等。代表作有《灵知与古代晚期精神》（*Gnosis und spätantiker Geist*）、《技术、医学与伦理学：责任原则的实践》（*Technik, Medizin und Ethik – Zur Praxis des Prinzips Verantwortung*）（中译参看约纳斯：《技术、医学与伦理学》，张荣译，上海译文出版社，2008年）、《责任伦理：技术文明下的伦理学尝试》（*Das Prinzip Verantwortung: Versuch einer Ethik für die technologische Zivilisation*）等。——译注

③ 恩斯特·云格尔（Ernst Jünger, 1895—1998）：德国军人、作家、学者。参加过两次世界大战，并获得军事勋章。在巴黎曾与毕加索、科克托等一流艺术家有交往。研究领域涉及生物学、动植物学、哲学，并且是一个知名的昆虫学家。云格尔敌视民主政治，颂扬战争对人的本质提升。他被某些人视为法西斯主义者，却与纳粹运动自觉保持距离并拒绝纳粹政府的聘任。他于1938年被纳粹禁止写作，曾与刺杀希特勒的密谋有关联，"二战"结束后却又被英国占领军以没有足够地反对纳粹政府而被禁止在德国出版著作。云格尔出版过50多本书，被认为是德国文学史上的杰出人物。他和歌德、克洛普施托克、维兰德一起是仅有的四个在生前时就整理出版了两版作品全集的德国作家。成名作是《钢铁风暴》（*In Stahlgewittern*）（中译参看云格尔：《钢铁风暴》，胡春春译，人民文学出版社，2020年），代表作是《劳动者：统治与型式》（*Der Arbeiter: Herrschaft und Gestalt*），还著有《在大理石悬崖上》（*Auf den Marmorklippen*）（中译参看云格尔：《在大理石悬崖上》，秦文汶译，人民文学出版社，2019年）、《论痛苦》（*Über den Schmerz*）、《关于线》（*Über die Linie*）等。——译注

④ 梅达特·博斯（Medard Boss, 1903—1990）：瑞士心理分析师、精神病学家。在当时心理学的中心苏黎世获得医学学位，随后赴巴黎、维也纳求学，接受过弗洛伊德本人的精神分析。1938年与卡尔·荣格合作。"二战"后与海德格尔保持通信往来，并共同主持有关现象学对医学、心理分析学等影响的一系列讨论班（被称为"措利孔讨论班"[Zollikoner Seminare]）。博斯认为，建立在笛卡尔哲学和牛顿物理学基础之上的现代医学和心理学对人的理解是不适当的，与此同时他在海德格尔生存论哲学的基础上创立此在分析的心理治疗，与宾斯万格（Binswanger）一起被认为是生存论疗法的奠基人。代表作是《精神分析与此在分析论》（*Psychoanalyse und Daseinsanalytik*）。——译注

的书信往来记录了他与教育家伊丽莎白·布洛赫曼①以及受人尊敬的荷尔德林全集编者诺伯特·冯·海林格拉特的遗孀伊玛·冯·博德默尔斯霍夫②之间的友谊。神学家鲁道夫·布尔特曼③在马堡时期求教于海德格尔。日耳曼语文学学者马克斯·科默雷尔④、埃米尔·施泰格⑤以及贝达·阿勒曼⑥懂得他在解释学方面的天赋。保罗·策兰在吸引与拒斥的痛苦混合中寻求与他接近。战后他与法国的让·波弗勒⑦

---

① 伊丽莎白·布洛赫曼（Elisabeth Blochmann, 1892—1972）：教育学家、哲学家。师从德国著名教育学家、哲学家赫尔曼·诺尔（Herman Nohl）。1952年起在马堡大学教授教育学。研究领域涉及历史、哲学、文学、教育。对幼儿园、妇女教育理论有突出贡献。布洛赫曼是海德格尔妻子埃尔福丽德的朋友和同学。著有《"闺房"与"学识"：关于德国妇女教育的开端的研究》（Das "Frauenzimmer" und die "Gelehrsamkeit". Eine Studie über die Anfänge des Mädchenschulwesens in Deutschland）和《赫尔曼·诺尔与他的时代（1879年至1960年）的教育学运动》（Hermann Nohl in der pädagogischen Bewegung seiner Zeit, 1879–1960）。——译注

② 伊玛·冯·博德默尔斯霍夫（Imma von Bodmershof, 1895—1982）：奥地利诗人、作家。诺伯特·冯·海林格拉特（Norbert von Hellingrath, 1916年阵亡于前线）的未婚妻，与里尔克和格奥尔格圈有交往。写过多部强调传统奥地利价值观的小说，另外对伊斯兰文学和日本俳句也有所涉及。著有《在八风之下》（Unter acht Winden）、诗集《俳句》（Haiku）等。——译注

③ 鲁道夫·布尔特曼（Rudolf Bultmann, 1884—1976）：20世纪影响最大的德国新教神学家之一。1921年起任马堡大学教授直到退休。主张对《新约》进行"解神话"（Entmythologisierung），脱去福音书的神话外壳，还其本真意义。其神学解释学受到海德格尔生存论思想的影响。著有《〈新约〉与神话》（Neues Testament und Mythologie）等。——译注

④ 马克斯·科默雷尔（Max Kommerell, 1902—1944）：日耳曼语文学家、作家和翻译家。求学期间任格奥尔格秘书。曾任马堡大学教授，被认为是比较文学的先驱。出版了《没有歌德的青春》（Jugend ohne Goethe）等多部著作和诗集。——译注

⑤ 埃米尔·施泰格（Emil Staiger, 1908—1987）：日耳曼语文学家。任苏黎世大学教授。在文学研究上，反对实证主义、思想史、社会学等外部性文学研究，强调对作品本身的文本关注，其主张概括在一个著名公式中"领会那抓住我们的东西"（begreifen, was uns ergreift）。深受海德格尔生存论思想尤其是时间观的影响，甚至体现在语言风格上。出版过《爱之精神与命运：谢林，黑格尔和荷尔德林》（Der Geist der Liebe und das Schicksal. Schelling, Hegel und Hölderlin）、《阐释的艺术：德国文学史研究》（Die Kunst der Interpretation. Studien zur deutschen Literaturgeschichte）等多部著作。——译注

⑥ 贝达·阿勒曼（Beda Allemann, 1926—1991）：日耳曼学学者，毕业于苏黎世大学，曾在德国多所大学任教。著有《克莱斯特：一个戏剧典型》（Heinrich von Kleist. Ein dramaturgisches Modell）等。——译注

⑦ 让·波弗勒（Jean Beaufret, 1907—1982）：法国哲学家。对海德格尔在法国的接受产生过重大影响，被认为是正统法国海德格尔主义者的发源地。海德格尔著名的"关于人道主义的书信"（收于《路标》）即致予波弗勒。著有《与海德格尔对话》（Dialogue avec Heidegger）等。——译注

7

及其学生交好,结识了诗人勒内·夏尔①。这样的例子不计其数。如果说"思想"是一种"感谢",那么在这句话中连带得到表达的是,哲学是一种对话并且哲学家必须具有让某物自行道说的能力,从而更多地去倾听与回应,而不是将自己锁闭在独白中。我们必须对他人心怀感激,因为正是他人(对海德格尔而言首先是"她"人)促使我们去思想。

海德格尔常常强调,每位哲学家只揣有一个独一无二的问题。而他的问题乃是"存在意义问题"。这个问题只能从欧洲哲学的开端柏拉图和亚里士多德那里得到理解。当海德格尔谈及"存在自身"(Sein selbst)、"存在者"(Seienden)以及"存在者整体"(Seienden im Ganzen)的时候,他倚仗的就是这两位思想家。但不可否认的是,海德格尔作为弗莱堡的讲师在其最初的现象学—解释学课程中,首先是对"生活的实际性"(Faktizität des Lebens)亦即人类的生活现实进行了专题探讨。若没有对所经历的生活的观察,"存在问题"就无从得到理解。因此,当人们因此将海德格尔的思想首先作为"生存哲学"(Existenzphilosophie)来接受时,虽则简化却也触及某种正确的东西。"存在问题"可以说就是生存(Existenz)②问题、生活问题。即便海德格尔的思想在20世纪30年代进至"存有之历史"(Geschichte des Seyns),"实际事物"(Faktische)始终都是题中应有之义。

1927年出版的半部《存在与时间》被认为是海德格尔的第一部代表作。不对这部著作进行精细的研究就无法通达海德格尔的全部作品。在这部著作中海德格尔的思想呈现为"此在分析论"

---

① 勒内·夏尔(René Char, 1907—1988):法国诗人。早期是超现实主义圈的成员,后来渐渐疏远。参加过法国抵抗运动。出版有多部诗集和散文集。——译注
② "实存"的译法也通行,"生存"的译法在行文中较流畅晓白,故取此。——译注

（Daseinsanalytik）[①]，归根到底是一种对"实际生活"（faktischen Leben）的分析。然而据海德格尔本人解释，他这时太过于从每每本己的"此在"（Dasein）的视角出发，从人的视角出发，对"存在自身"进行追问。于是对思想进行修正的必要性随之而来。

我们多半可尝试从"回转"（Kehre）[②]概念去把握这种修正。在《存在与时间》之后的思想中，追问活动不再从"此在"着手，而是从"存在自身"开始，以便从存在那里回到"此在"的生活。不过将海德格尔的哲学分割为"回转"之"前"与"回转"之"后"，这有失偏颇。相反，我们必须看到，海德格尔始终行其思想"于回转之中"，这意味着，海德格尔考察的是"存在"与"此在"的关系。当海德格尔在少数文本中强调，他试图单单思考"存在自身"时，对于此番尝试的极端艰难他是心知肚明的。

20世纪30年代中期，海德格尔觅得了对"存在"的一种特定阐释。切实来说，"存在"乃是"本有"（Ereignis）。在第一部代表作中，他已经提请人们注意存在与时间的关联。对海德格尔而言，"本有"之思表现为对这种关联的极端展开。这种极端展开尤其牵涉到"时间性"（Zeitlichkeit）的一个特定环节。时间对我们而言发生为"历史"。在"本有"的思想中，历史变成一个重要因素。如果说对于海德格尔愈显清晰的乃是他那个时代的政治事件不是从天而降的，相反，它来自世界并因而需要通过在欧洲历史之中对其来源进行沉

[①] 《存在与时间》中译本对Analytik（分析论）和Analyse（分析）两个词没有区分，Analytik des Daseins和Analyse des Daseins都译为"此在分析"，我们尝试在译文中反映出原有的区分。参看海德格尔:《存在与时间》（中文修订第二版），陈嘉映、王庆节译，熊伟校，陈嘉映修订，商务印书馆，2019年，第九节等。——译注

[②] 学界通常译为"转向"，但是本书作者强调Kehre中的循环结构，或者本有与此在的对话结构，为保持本书行文的通达，本书尝试依作者的解读翻译为"回转"。具体解释参看本书第三章第四节。——译注

思方能得到理解，那么显而易见，即便这种对历史的强调也在"实际生活"中有其依托。

因此，如果说哲学家在30年代后半期——在对弗里德里希·荷尔德林诗歌日渐重要的阐释的鼓舞下——认识到必须"克服"欧洲哲学中特定的主导思想，那么我们就不能忽略这一目的与国家社会主义者们日益极权化的统治之间巧合般的关联。事实上，"形而上学之克服"的思想——这种思想可以回溯到在20年代早期已经发展成熟的"解析"（Destruktion）概念①——与"第三帝国"极权国家中的"实际生活"以及从中产生的恐怖密切相关。对技术及其力量的追问现在日显棘手。

然而，在他的思想中同时爆发出了我们已经提到的反犹情绪，这些情绪发展为了有关犹太文化的粗暴论题。在这些地方海德格尔与国家社会主义的同步性达到了一种恐怖的模棱两可，源于这种模棱两可，对荷尔德林的阐释也无法不受影响。借助荷尔德林解释，哲学家想要把自己纳入一种划时代的命运中，"希腊人"和"德国人"在这种命运里扮演着主要角色。"第一开端"（"希腊人"那里）在"另一开端"（"德国人"那里）中得到回应。伴随着对遗忘"存在"的世界的出离，"德国人"的使命乃是再一次以完全不同的方式发动历史本身。当这一使命因为希特勒那毁灭性的政治面临失败的危险，海德格尔的思想在迷失中开始攻击一切加速这种失败的事物。除了德意志帝国在军事上的敌人以及误解了"德意志"的国家社会主义者，"世界犹太人"（Weltjudentum）②登场了。海德格尔写下的有

---

① 为了区分海德格尔的Destruktion和德里达的Dekonstruktion，本书将前者译为"解析"（也可考虑"解毁"），后者译为"解构"。参看伽达默尔、德里达：《德法之争：伽达默尔与德里达的对话》，孙周兴、孙善春编译，同济大学出版社，2004年。具体解说参看本书第一章第二节。——译注
② 反犹主义用语，认为世界上存在想要统治世界的犹太种族。——译注

关世界犹太人的段落，属于这位思想家的文字中最为恐怖的东西，但也是最为愚蠢的。

"本有"思想在战后经由两个新的概念得到了扩展。20世纪30年代海德格尔曾将"技术的本质"颇成问题地刻画为"谋制"（Machenschaft）[1]。如今海德格尔将其把握为"合－置"（Ge-Stell）。"四合"（Geviert）概念与"合－置"相应[2]，前者展开为一种特殊的析而为四的世界结构。在这段时间里，海德格尔几乎只是在研究这一问题，即人如何能够在一个技术化日甚的世界中生活。在此一方面显而易见的是，海德格尔并不相信，基本的、决定了政治与伦理的观念在1945年之后已经发生了实质变化。另一方面，在对"合－置"的探究中海德格尔克服了"谋制"的理解中一种致命的片面性。

* * *

一部有关海德格尔哲学的导论特别面临一个语言上的难题。海德格尔的概念乍看之下非常简易。哲学家几乎从不使用特别术语，他的德语时而浓墨重彩，时而质朴、粗粝。与此同时，他在一种完全特别的意义上利用了我们日常使用的话语。"生活"或者"本有"[3]

---

[1] Machenschaft在日常德语中意为"阴谋诡计"，其词根machen即英语的make，有"做"的宽广含义。"谋制"的译法来自《哲学论稿》中译本（海德格尔：《哲学论稿》，孙周兴译，商务印书馆，2012年），合取"阴谋诡计"和"制作"的意思。这个词根据上下文有时也译为"阴谋"。具体解说参看本书第四章第二节。——译注

[2] Geviert一词有四重整体、四方域等译法，而Gestell则有集置、座架等译法，从构词和两词的关联上考虑，本书尝试分别译为"四合"与"合置"。具体解说参看本书第四章第二节。——译注

[3] Ereignis是海德格尔后期思想最重要的基本词语，其地位相当于希腊的逻各斯和中国的道。然而这个词在日常德语中意为"事件"，是平常用词。具体解说参看本书第三章第四节。——译注

这些词就已经开始作如是使用了。出现这样的情况，引号的使用问题就变得棘手。在这本书里我以严格的方式使用引号。无论是关于海德格尔的思考还是与海德格尔一同思考，都必须同他的思想保持一种自由关系。我们不能被他的语言力量所蛊惑，也不能照搬他的语言和概念。在哲学中事关宏旨的是，哲学文本的读者无论认同还是拒斥都始终保持自由。这绝非易事，但却十分基本。

一部海德格尔思想的导论还面临一个问题，哲学家在概念塑造上有着不可穷尽的源泉。他常常在不同的课程中改变自己的术语，在不同的手稿中形成新的表述方式。一种含义可能以多样的方式得到表达。从语词到语词的这些运动与海德格尔思想的"道路特征"联系在一起。一部导论必须追随这种创造的节奏，但不可能达到完备。我努力依情况给予读者相应帮助。

眼下这本书是一个批判性的导论。*Krino* 这个词最真切的意思乃是"切分""分离"，亦即做出区分，这种区分导向一种决断。然而问题在于：标准是什么？这很难说清。也许标准不止一个。它肯定涉及普泛的理性，这种理性了解自己的弱点和危险。哲学必须——排除一切困难——坚持这一标准。但是除此之外甚至首先而言标准是一个"他人"（der Andere），就像保罗·策兰诗中特别所见证的那样。[①]海德格尔思想最大的问题在于，当它为了"存在历史"的叙事而牺牲了他人时，它对"他人"有所蔑视。对海德格尔的批判内在包含着对"他人"的支持。这种批判倾听死者——大屠杀——的"无声的声音"（全集卷8，第161页）[②]。当20世纪的各个事件得到讨论

[①] 参看伊曼纽尔·列维纳斯：《从存在到他人——保罗·策兰》（"Vom Sein zum Anderen – Paul Celan"），收于《专名：对语言与文学的沉思》（*Eigennamen. Meditationen über Sprache und Literatur*），卡尔·汉泽出版社（Carl Hanser Verlag）：慕尼黑与维也纳，1988年，第56—66页。

[②] 参看海德格尔：《什么叫思想？》，第181页。——译注

之际，这些死者就在侧耳谛听着我们。他们知道我们永远无法知道的东西。他们乃是这个时代的良知的本源。我认为，在反犹主义和大屠杀的事情上我们首先对他们是负有道德上的罪责的。

这部导论是为这样的读者所写的，他们准备好了进行一定量的共同劳作。尽管哲学提出的问题涉及所有人，但它要求自由的时间和闲暇，以便能够从事相关探究。闲暇并不免除辛劳。然而这种辛劳属于我们所能进行的最好的投资。因为我们在哲学中探究的是我们自己，是我们试图去澄清的自己身上的晦暗之处。对于专门进行哲学学习的人，他们在理解海德格尔时可能会从本书中获益。而如果那些对哲学有着热爱的人同样能在书中获得激发，这将非常美妙。

迄今为止，海德格尔的作品"全集"出版了规划的102卷中的89卷。① 面对这样的文本规模，一部导论不可能处理所有海德格尔探讨过的论题。挑选与决断因此不可避免。谁若在这部导论中没有找到海德格尔思想中的这个或者那个部分，希望他们能够得到激励，自己去进行进一步的探究。

尼采认为，哲学家的榜样力量在于能够"把全部民众吸引到自己身上"。"印度的历史"特别证明了这一点。此间重要的是，榜样"通过可见的生活而不单单是通过书本"现身。事关宏旨的是"表情、姿势、穿着、饮食、礼仪"，而非"话语或者文字"。哲学家应当被人看见，他应当离开自己的书桌，他应当去生活。而尼采以听天由命的方式结束这一思考："在德国，我们还缺少通向这种哲学生活之充满勇气的可见性的一切。"

海德格尔是否乃是一种"德国的哲学生活"的"榜样"？或者

---

① 截至本译本出版，海德格尔全集已出版99卷。——译注

在那样一个德国,这种生活对他而言恰恰是被禁止的,这个德国把说不清道不明的能量献给了死亡?抑或他以自己的思想强化了这股能量?也许我们可以认为,20世纪的德国历史在海德格尔的思想中而非任何其他一种思想那里展露无遗。谁若想要了解海德格尔的思想,将会不可避免地以深渊般的方式遭遇这段历史的深渊。

"生活的实际性"

> 不过只是一个名字，
> 然而这名字穿行整个德意志，
> 仿佛关于隐秘之王的传闻。①
> ——汉娜·阿伦特

现象学与解释学

马丁·海德格尔哲学的开端无法简单确定。在一门讲授课上他曾说："青年路德是我求索的伙伴，他所憎恨的亚里士多德是我的榜样。克尔凯郭尔给了我冲击，胡塞尔赋予我一双慧眼。"（全集卷63，第5页）②每一个形象都在海德格尔的思想中留下了痕迹。不过，假如人们想停留于这一四重奏的说法，就把一切想得太过简单。也许人们也可以用同样的方式提及威廉·狄尔泰、奥斯瓦尔德·斯宾格勒、黑格尔和尼采，或者陀思妥耶夫斯基和中世纪哲学。新康德主义者，海德格尔的老师海因里希·李凯尔特在他学生的教职论文评定报告

---

① 《海德格尔与阿伦特通信集》（*Briefe 1925 bis 1975 und andere Zeugnisse*），乌尔苏拉·鲁兹（Ursula Ludz）编，维托里奥·克罗斯特曼出版社（Vittorio Klostermann Verlag）：美茵法兰克福，1998年，第180页。
② 参看海德格尔：《存在论（实际性的解释学）》（修订译本），何卫平译，商务印书馆，2017年，第5页，译文略异。——译注

中写道，海德格尔对"中世纪逻辑学之'精神'"的研究能够"取得巨大成绩"。换言之，海德格尔的哲学起点汲取自许多源泉，想将他的哲思活动归溯到一个传统上去，可能会有所错失。

在20世纪40年代的一则笔记中，海德格尔"附带"提到他的"有关邓·司各脱的范畴与意义学说的教职论文"（全集卷97，第287、288页）①的重要性。在"意义学说"中"语言的本质"得到了思考，在"范畴学说"中"存在的本质"得到了思考。"随即"他取得了"存在之被遗忘状态的经验"，《存在与时间》由此"上了路"。这一"路程"随后"借助了胡塞尔的思想方式"。但是在这样一种回顾中可以发现一种叙事的意图。开端显得仿佛只是一种后来的增补。而海德格尔提到了其思想的两种最为重要的源泉。

借助于两种哲学方法来标识海德格尔运思的开端是可能的。这是两种方法上的抉择，海德格尔从他的第一门讲授课开始就加以实践，它们不断以崭新的冲击重塑他的哲学，使其保持生机。早在20年代初，他就已经涉足"现象学"和"解释学"这两种哲学方法，进入这两所哲学学校。人们在学校里学习事物如何被思考，在这个意义上这两种思维方法被称作"学校"②。故而在现象学和解释学中没有特别的思想内容需要理解，要理解的是方法，即哲学问题能够如何被提出和回答。

海德格尔曾明言，当他还是学生时，在1909/10学年的冬季学期，就已经开始研读埃德蒙德·胡塞尔出版于1900年的《逻辑研

---

① 人们已经知道的是，海德格尔在教职论文中援引的文本（《思辨语法》["Grammatica speculativa"]）并不是出于邓·司各脱（1266—1308），而是来自埃尔福特的托马斯（Thomas von Erfurt）（生卒年未知）。

② "学校"（Schule）一词在德语里还有学派、流派的意思。——译注

究》。这部著作被视为"现象学"这一哲学方法得到创建的证明。现象学设立的目标不是使关于"实事"（Sachen）的理论成为自己的主题，而是使"实事本身"，使"实事"如何被给予、如何显现出来的方式和方法成为自己的主题。显现者（Erscheinende）在希腊语中叫 *phainómenon*。所以现象学是这样一种思想，它着力于显现者及显现者之显现（Erscheinen）。

海德格尔的第一门讲授课就已经留下现象学方法的独特印记，并让这种方法不受牵制地对内容进行指引。这门课的主题，也是那个时期他思考的基本问题，即"实际生活"。"生活"在此主要指人与自身通常非主题化的关系。它是一种"自足状态"（Selbstgenügsamkeit）。我们生活着，既出于自身又归于自身。"生活的实际性"（Faktizität），即其事实状态（Tatsächlichkeit）和被给予状态（Gegebenheit），在于生存（Existieren）及生存之种种动因的日常实行。每时每刻的生活仿佛都自行冲着我们发生着。海德格尔以特有的表达方式将其表述为："生活已然如何，便如何给予自身。"（全集卷58，第35页）"实际生活"的哲学与"实际生活"的"被给予方式"（Gegebenheitsweisen）有关。现象展现为某种无从追思（unvordenklich）的"现象给予"（Phänomengabe）（全集卷61，第89页）①。现象学是一种自我克制的思考，因为它观察的是什么"给了出来"（es gibt）②。

如此一来海德格尔就让他早期思想关注的基本现象，他的"生

---

① 参看海德格尔：《对亚里士多德的现象学解释》，赵卫国译，华夏出版社，2012年，第79页。——译注
② es gibt相当于英文中的there is，为"有……"之意，但就字面而言是"给出……"之意，无实际人称主语，es与there一样只是一个形式主语。在原文中与Phänomengabe中的gabe有呼应。——译注

活"（Leben）概念，并非无可置疑地脱离了所有生物学上、身体上的细微区分。现象学是"精神一般的绝对的本源科学"（全集卷58，第19页）。不是身体的生活，而是"精神"的生活，让这位年轻的、在神学教育中成长起来的哲学家兴味盎然。早期阅读黑格尔（参看全集卷1，第410、411页）以及狄尔泰著作（参看全集卷56/57，第164、165页）的影响在此可得辨识。比如在《精神现象学》中黑格尔将"精神之生活"一一展现于其特有的各种形变（Metamorphosen）中。

生活从来不是作为孤立的对象呈现。它总是有自己的地点和时间。"我们的生活就是我们的世界"（全集卷58，第33页）[1]，海德格尔这样写道，意思是，生活以多种多样的方式在与旁人和事物难以捉摸的关系中展开自身。生活的现象学与"生活世界"（Lebenswelt）（全集卷61，第146页）有关，人以各自的方式和途径在实践和理论上卷入这个生活世界。

"世界"或者"生活世界"概念——胡塞尔早已经使用了这个概念——首先与上述"生活"概念相应。"世界"概念提供了一种自我区分（Differenzierung）的可能，"生活"概念为了自身的丰富要求这种自我区分。于是"世界"总是"周围世界"（Umwelt）、"共同-世界"（Mit-welt）和"自身世界"（Selbstwelt）（全集卷58，第33页）。我们生活在许多相互会集交涉的"世界"中，它们以可能的方式最终构成了一个统一的世界。我们与自己的朋友、爱人和敌人等等一起生活，生活在各自的"个人节奏"中。以一种如此差异多样的"世界"理解为基础，海德格尔进行了他的现象学分析。我们将

---

[1] 原书注标为"同前，第33页"，有误，现予以改正。——译注

看到，在其运思的整条道路上，海德格尔在何种程度上一再探索受到他严肃对待的"世界问题"。

海德格尔在其20世纪20年代初的讲授课上选为主题的生活，是一种"实际的""生存"。属于"生存"的是一种根本的不确定性和有限性。有"误入歧途的生活"，如同有"真正的生活"（全集卷63，第22页）。走上"迷途"的"生活"和"真正的生活"并不相互排斥。两种趋向在"生活"的不确定性中汇聚起来。"生活"有一种它不能回避的"可疑性特征"（Fraglichkeitscharakter）。"实际生活"的现实化正在于一再经历这种"可疑性"。这构成一种"实际的经验关联"。"经验"（Erfahrung）是"实际生活"的最初表达，同时也是朝向"实际生活"之途。这里的"经验"和经验主义式（empiritisch）的经验概念全无关系，或者只有微乎其微的关系。海德格尔对"经验"的理解始终嵌入在一种特定的激情中。"经验"并非被"制造"，而是被遭受。它总是一种饱含情感的"经验"，可谓一种被动的主动性。

对于早期海德格尔而言，由此实情产生了一个问题，这个问题直到最后都触动着他。如果"经验"是朝向哲学之基本现象的本真之途，如果哲学家只有"经历"了他的主题后才能就此主题进行谈论，那么就要特别提出哲学的"科学性"问题。通常我们将哲学视为一种"科学"。海德格尔将其标识为"认知的、理性的态度"（全集卷60，第8页）[①]。而"生活"仅仅处于这样一种"态度"的边缘。我们恰恰通常不是以"认知"的态度经验我们的"生活"。因此海德格尔很早就提请人们注意，"哲学的自身理解问题"一直都被"过于

[①] 参看海德格尔：《宗教生活现象学》，欧东明、张振华译，商务印书馆，2018年，第8页。——译注

轻易地对待了"。

如果"生活"是哲学的主题，而且这一主题只有当哲学家也不回避他的"生活"时才能通达，那么可以由此推论，"哲学源自实际的生活经验"。对于海德格尔来说，哲学从一开始就是思想者的一种有限的活动——"生活"多么有限，以这整个生活为主题的思考也就多么有限。"源自（entspringen）实际生活经验"的哲学"跃回（zurückspringen）到生活经验本身中"。由此导致思想牵连进生活，这使得为哲学维护"科学之理想"成为困难。与此同时同样变得显而易见的是，一种后来为海德格尔本人所主张的生平传记与思想之间的分离是成问题的。

这一对思想和生活之牵连的最初洞察很早就促使海德格尔反思哲学与大学的关系。在1919年的战时应急学期，海德格尔就已经讨论了"大学领域的一次真正改革"的可能性（全集卷56/57，第4页）①。三年后他再一次向"大学"质问其"鲜活的生命②关联"何在，并追问"大学是否应该继续为了需求的目的而被设置"（全集卷61，第70页）③。当1933年海德格尔即将发表《德国大学的自身主张》这一演讲时，他追溯了结合在一起的多重主题，在刚开始哲思活动时这些互相穿插的主题就已置于他心间。如果"生活"是哲学的开端——那么"大学"不是必然乃其终结吗？

"实际性"即用于标示思想与生活之牵连的名称。当海德格尔在

---

① 参看海德格尔：《论哲学的规定》，孙周兴、高松译，商务印书馆，2016年，第4页。——译注
② 德文Leben兼有生活与生命之意，在海德格尔关于"实际生活"的思想范畴内基本上译作生活，但个别地方译成生活于中文不通，则酌情译作生命，只是请读者注意，译文中的生活与生命是同一个德文词。——译注
③ 参看海德格尔：《对亚里士多德的现象学解释》，第61页。中译本将"大学"误译为"普遍性"，现予以纠正。——译注

他的职业生涯中不再坚持这一名称时，我们也必须看到，他一直保持着对"实际性"现象的忠诚。哲学思想因其有限性被如此这般抛入每个哲学思考者与世界的纠缠中，以至于不可能有一种从这种纠缠中完全解脱的认识。牵连在"实际性"之中这件事的两个核心环节即"语言"和"历史"现象。

亚里士多德已经将人称作一种拥有语言的生物（*zôon lógon échon*）。人类生命的特点在于它能够自己了解自己。对人来说独特的是，"生命总是在其自身的语言中自我要求，自我回应"（全集卷58，第42页）。生命和语言对人而言不是两种无关的现象，而是一开始就共属一体。对这一共属关系的强调指示出海德格尔思想的一个重要倾向。被海德格尔纳入视野的生命，乃是诗性的或者实践的生命，我们工作着、行动着而与他人共度此生，在此生命中我们处于一场持续不断的对话中。虽然，海德格尔恰恰对对话和言说的貌似边缘的领域亦即"沉默"或者"寂静"兴趣盎然，但他以怀疑的方式面对被设想为无言的生命本能和冲动。

"生活"的现象学与生活自行表露自身有关。生活发生于意义（Bedeutung）或者"意蕴"（Bedeutsamkeiten）的游戏空间（Spielraum）之中。我们的行动具有目的，我们追求各种目标。于是我们生活于"实际之中，作为各种不断渗透的意蕴的一种极为特殊的关联的实际"（全集卷58，第105页）。"各种意蕴"相互指示，相互矛盾，相互交错。当我们考察"生活"时，我们必须关注"意蕴"的这种持续显现。

"生活"的"意蕴"一方面在"知觉"中向行动着的人显示出来。它们"显现"出来并作为"现象"构成"现象学"的对象。不过它们要求得到"解释"。我们实际的行动处于对消失了又重新浮现的各种目标和目的坚持不懈的解释中。因此"现象学"是一种与显现者的有所解释的交道。海德格尔的现象学一开始就是一种"现象学式的解释学"（全集卷61，第187页）①。

大致而言，海德格尔涉足"解释学"是通过威廉·狄尔泰得到启发的。但是哲学家自己提请我们注意，对解释学首次的明确涉及乃是将赫尔墨斯神作为其先祖（全集卷63，第9页）。赫尔墨斯是位信使，告知人们诸神关于他们做出了什么决定。在哲学史的进程中，"解释学"演变为一种文本的阐释技艺。在弗里德里希·施莱尔马赫那里，"解释学"大致是对书写下的消息的"理解"之艺。但对海德格尔而言这是对"解释学"原初概念的简化。按照他的想法，处于种种意义中的生活根本而言就是解释性的（hermeneutisch）。"实际生活"根本上就是一种理解，生活要么必须自己对自身做出理解与解释，要么对世界上发生之事进行阐释。生活就自身而言便是解释性的，因为它是一种发问着、回答着、理解着并且误解着的生活。

哲学与自行理解并且误解着的生活的触碰绝不是一种简单的现象。哲学如何能够真正地切近"实际生活"呢？平常我们几乎毫无反思地过着无忧无虑的日子。我们直接（unmittelbar）被那些发生在我们身上的事情所触及。而哲学是一种中介性的（vermittelnd）思考，不仅是对我们行为的反思，还更进一步是对反思的反思。这一处境通过哲学如何对待和讨论它的对象，如何谈论它们而显示出来。哲学无法单纯停留在"实际"之中。它给予"实际生活"问题一种通常为实际现象所不具有的"对象性"。它使活生生的现象成为客体，而在生活实践中并不如此。对爱或者死亡的哲学处理和我

---

① 参看海德格尔：《对亚里士多德的现象学解释》，第164页。——译注

们遭遇到爱和死亡的生活之间存在差别。对海德格尔来说，哲学这一"对对象性事物的形式规定性"（全集卷60，第63页）①乃是一种"先见"（Präjudiz），一种先行给予的见解，它同样规定着哲思活动的概念化。"实际性之现象学式的解释学"必须考虑这种先行给予的见解。

在海德格尔看来，依靠所谓的"形式显示"（formale Anzeige）可以实现这一点。这是一种解释学的方法，它将"实际事物"暂时"搁置"，只是对其"形式地"加以指示，不用先行给定的哲学概念进行切割赋形，导致丧失其直接而开放的含义。对于"实际性的解释学"而言，"形式显示"具有"一种不可回避的意义"（全集卷59，第85页），因为它限制了哲学制定概念所要求的有效性。"形式显示"尝试让"实际事物"在哲学中如其所是地显现出来。

我们在生活中所理解和解释的"意蕴"形成一种确定的时间上的总体关联。我们不仅生活在今天，而且关联于从早先世代传承下来或者源自未来而向着我们来临的那些意义。"实际生活"是历史（Geschichte）中的生活。早期海德格尔将此现象描述为"历史事物"（Historische）（全集卷60，第31页）②。他大胆断言曰，"实际事物"概念只有从"'历史事物'概念出发才变得可理解"。因为我们生活中的"实际事物"总是以这种或那种方式由历史所规定。因此德意志联邦共和国的政治公共性的特定条件只有把大屠杀考虑进去才能得到理解。

与这一现象相关的是，"历史事物"不能仅仅被理解为历史科学的对象。在历史科学中"历史事物"不再是从"生活的实际性"而

---

① 参看海德格尔:《宗教生活现象学》,第64页。——译注
② 参看海德格尔:《宗教生活现象学》,第31页。——译注

来得到理解,而是被客体化为有待研究的对象。对海德格尔而言重要的是"历史事物""直接的生动性",或者如他明确所言,是"仿佛已融入我们此在的生动的历史性(Geschichtlichkeit)"(全集卷60,第33页)①。"生动的历史性"最先从传统传达给我们。"生动的历史性"是一项文化遗产,我们能够在历史科学中将其作为研究对象,但我们(自然也包括历史学家)首先"生活"在其中。欧洲文化在古希腊哲学、罗马法思想和基督教中的基础构成了一种"生动的历史性"。在"实际生活"中到处都有它们的踪迹。可以再一次以纳粹大屠杀为例。大屠杀一方面影响着我们的日常生活,但另一方面也可作为历史科学的研究对象。

对海德格尔而言,历史"直接的生动性"优先于将之作为科学对象。这一优先性源于如下事实:"实际生活"本身应当始终构成历史往回维系其上的参照点。历史对于这一参照点而言始终是此时此地被经历的历史。当历史被弄成纯粹的认知客体时,就丧失了它本真的意义。历史首先是被经历的历史,这一思想有时在一种强烈的愤怒中将怒气撒在历史科学身上,因为依海德格尔之见历史学丧失了与"生动的历史性"和"存在之历史"的联系。因此,"历史学"(全集卷95,第100页)无非是使一切变得荒芜的"技术"。

"实际性之现象学式的解释学"的规定系统地促成了海德格尔早期向历史的转向。"实际生活"自身即以历史的方式勾画而成。我已指出,这一哲学上的规定在何种程度导致某种方法问题。首先哲学与科学的关系产生紧张。如韦伯所定义的,科学性在于立论视角的无前提,在"实际生活"中我们从不会获得或者仅仅在努力实现

---

① 参看海德格尔:《宗教生活现象学》,第33页。——译注

这种无前提状态。对于"实际生活"重要的是实践上的目标和目的，是伦理上的诸指向和前提的落实。其次在"实际性的解释学"与哲学自身传统的概念结构之间存在张力。这种张力在海德格尔"形式显示"——一种特定的为了通达"实际事物"的解释学道路——思想中显示出来。这两个问题集中在思想之"生动的历史性"的含义中。二者都源于古代以来的传统。哲学如何处理与已确立的科学性理想之间的关系？或者，哲学能够跳脱自身传统抵达"实际生活"吗？这些问题使得对欧洲思想的历史自身实行一番"解析"成为必然。"解析"作为"现象学式哲思活动的固有财产"（全集卷59，第35页）被引入。

"解析"（Destruktion）一词由拉丁文"destruere"（摧毁）演变而来。不同的是，对欧洲思想之历史的"现象学式解析"并非要单纯地摧毁传统科学和哲学思想，而是动摇这一传统，使对其源头的遮盖和阻塞得到清理。这在海德格尔的思想中一开始就造成一种倾向，即揭示"实际生活"的诸种本源以及来自这些本源并回溯至这些本源的思想。这一意图已经表明了现象学作为"本源科学"（Ursprungswissenschaft）这一首要特性。

对海德格尔而言，欧洲生活的"实际性"或者——如果人们愿意这么说的话——同一性的起源来自两个源头，这是海德格尔一个独特的观点。"实际性的解释学"与一种"希腊-基督教式生活解释"（《那托普报告》，第35页）有关。海德格尔最初对古罗马传统毫不关注，到后来则是充满敌意。对欧洲思想历史的"解析"相应地便只与上述两个源头相关。他在1920/21年冬季学期写道：

不可避免的是，现象复合体（Phänomenzusammenhänge）的

发现从根子上改变着问题和概念的成形，并为解析基督教神学和西方哲学提供了原本的标准。（全集卷60，第135页）①

海德格尔在其思想的起点画出一个问题域，毕其一生都在与之打交道。它关乎的是对"实际生活"——一种试着理解自身并因此关注自身历史的生活——的诸起源的解析及开显。

"原始基督教的生活实际性"

1954年，海德格尔在一篇短文中回忆了自己的童年：

> 圣诞夜过后的凌晨三点半左右，敲钟童就来到了教堂司事的房屋。司事母已经在桌上准备好了牛奶咖啡和蛋糕。桌子旁边立着圣诞树，杉树的芳香和圣诞夜烛光的气息在温暖的房间里弥散。司事屋里的这一时刻，敲钟的孩子们已经期盼了几个星期了，即使不是一整年的话。它神秘的魔力在哪里呢？（全集卷13，第113页）②

海德格尔的父亲是梅斯基尔希（Meβkirch）的城堡边上，圣马丁天主教教堂的"司事"或者说"差役"，那里同样也是哲学家本人的出生地。"敲钟男孩"的工作是为了敲响大钟（钟声远近闻名，眼下在

---

① 中译参看海德格尔：《宗教生活现象学》，第142页。——译注
② 参看海德格尔：《从思想的经验而来》，孙周兴、杨光、余明锋译，商务印书馆，2018年，第123页。——译注

互联网上也能听到那由七种音调组成的钟鸣），使得钟塔之神秘[①]悠然回荡。1932年起任弗莱堡地区主教的天主教神学家康莱特·格勒培尔（Conrad Gröber），同样出生于梅斯基尔希，对成长中的思想家本人来说他是最初的支持者之一。这令人想到1909年至1910年冬季，海德格尔在弗莱堡开始了他的神学学习。时光荏苒，还是在1954年前后，海德格尔写道："倘若没有这一神学来源，我决不会踏上思想道路。而来源始终保持为将来。"（全集卷12，第91页）[②]海德格尔的哲思开端与那"冷杉和蜡烛的香气"中的"魔法"纠结在一起。

如果说在海德格尔特定的思想阶段中几乎还找不到对神学或基督教展开系统研究的踪迹，那么自其担任讲师一职开始，情况就大为不同了。对"生活的实际性"的现象学—解释学研究自发地导向了"历史"现象。因此哲学家必须对历史进行"解析"，将一些在历史进程中已经被经久不断的、淤积起来的解释所掩埋的原初思想开显出来。在这种向着历史的解释学转移的意义上，海德格尔在1920年夏季学期写道：

> 对希腊哲学和由希腊哲学导致的基督教生存的畸变进行原则性的研究，这大有必要。真正的基督教哲学的观念；并非是为既糟糕又仿制出来的希腊哲学所贴的基督教标签。通向一种原初的、摆脱了希腊文化的基督教神学（ursprünglichen christlichen-griechentumfreien-Theologie）的道路。（全集卷59，第91页）

[①] 指向上面引文所源出的文章标题"关于钟楼的神秘"（Vom Geheimnis des Glockenturms）。——译注

[②] 德语"来源""出生"（Herkunft）与"将来"（Zukunft）都以"来"（Kunft）为词根。此句中译参看海德格尔：《在通向语言的途中》，孙周兴译，商务印书馆，2004年，第95页，译文略异。——译注

基督教的真正核心乃是"基督教式的生存",此概念无疑受到克尔凯郭尔的影响。这种基督教生存因"希腊哲学"而产生"畸变",这种畸变需要得到"解析性地"清除。在这种"解析"的基础之上,"真正的基督教哲学的观念"方能得到研究。

关注"基督教式的生存"的动因源自对"实际生活"的现象学—解释学研究。这种"实际生活"表现为与"历史性关联"互相缠结。"赢回一个与历史的真正而原初的关系",这个目标是为澄清"实际性"服务的。海德格尔以这样的方法论认识勾勒出这个目标的大致轮廓:"只有从某个当前而来才有某种历史。"如果一种对基督教生存的关注来自这些先行给予(Vorgabe),那就必须把这些先行给予不仅与对"历史"的追问联系起来,而且还要与"当前"(全集卷60,第124、125页)[1]联系起来,而这种对历史的追问必须从当前中得到提出并始终回溯到当前。

与"历史"的关系不仅仅涉及那种方法论问题,亦即,每一种对"历史的意义"的理解都依赖于想要对其进行理解的立足点。将当前与"历史的意义"联结起来,这指示了"历史"与"时间"的关系:处于历史中的生活本身是某种时间性现象。这一点颇为清楚,因为历史包含的是已经过去了的事实和材料。但它并非纯粹作为过去的东西(Vergangenes)才拥有一种意义。当我们从当前出发深入辨析历史,过去之物对此时此地的"实际生活"而言就有了重大意义。

对历史的追问引出了"实际生活"的"时间性"问题。现象学的思想方式要求在"对时间性的原初而实际的经验"本身中对这种

---

[1] 参看海德格尔:《宗教生活现象学》,第131页。——译注

"历史性"与"时间性"的关系进行解说。海德格尔在对"原始基督教信仰"的观察中研究了这种有关"时间性"的"实际经验"。[1]原始基督教信仰对海德格尔来说就是"实际的生活经验"本身。个中原因在于：

> 实际的生活经验是历史的（historisch）。基督教信仰活出了如此这般的时间性。（全集卷60，第80页）[2]

为了使这种关联清晰可见，海德格尔阐释了《新约》中流传下来的两封被认为是保罗所写的《致帖撒罗尼迦人的书信》（全集卷60，第87页以下）[3]。海德格尔从这个解释中提取出了"原始基督教信仰"或者说"基督教式的生存"的诸种基本特征。

"原始基督教信仰"的"目标"在于"拯救"（Heil, *soteria*）和"生命"（Leben, *zoé*）[4]。"基督教意识的基本态度"必须从这两极得到理解。原始基督教与拯救的关系以及与源自这种拯救关系的生活的关系只有从一种特殊的生存情境才能得到理解。拯救被"宣示"，而将日常的、由前基督教风习所模铸的生命抛弃掉的要求就与这种拯救联系在一起。"原始基督教生存"涉及一种"与较为早先的过去的完全决裂，与每一种对生命的非基督教见解的完全决裂"（全集卷60，第69页）[5]。这种"完全决裂"牵涉到相对于当时的生存而言的过

---

[1] 这里引用的1921年冬季学期讲授课"宗教现象学引论"没有留下原始手稿。全集中出版的版本基于笔记。
[2] 参看海德格尔：《宗教生活现象学》，第81页，译文略异。——译注
[3] 即《圣经·新约》《帖撒罗尼迦前书》及《帖撒罗尼迦后书》。——译注
[4] 关于Leben一词的翻译参看第一章第一节译注。——译注
[5] 参看海德格尔：《宗教生活现象学》，第70页，译文略异。——译注

去。它同时存在于一种"绝对翻转"中（全集卷60，第95页）①。这不仅关系到要将曾经被视为风习的东西弃置不顾，而且关系到转向某种不同的生存方式，其转向方式是使这种不同的生存方式被接纳和实现为一种生命的可能。

凭着这种"完全决裂"，基督教生活具有了一种极为特别的特征。作为"决裂"的"绝对翻转"（*metánoia*）不能被理解为一种渐变。在"决裂"中，某物突然中断，他物突然产生。唯当这种"决裂"业已发生，基督教生活才宣告开始。在这里，以另一种方式开始的生活并不源自行动着的主体的意志。基督教生活的"实际性""无法靠自己的力量赢得"，它"源于上帝"（全集卷60，第121页）②。基督教生存意识到它自己产生自上帝的"恩典"。成为基督徒这件事就本源而言不在人的能力范围之内。基督教生存是一种上帝的"恩典"，这一恩典只有通过了结过去时间进而开启出崭新当下的那种"决裂"才能收到。

对原始基督教的"实际性"而言，转向一种新的当下与下述事件联系在一起：耶稣基督已经预示了他的再临并随之带来一切时间的终结（在神学中会谈到"对再临的期待"和"末世论"，谈到期待中的基督的崭新在场，这种崭新在场会终结时间以及历史）。如此一来，在当下时间内就出现了一种特有的张力，这种张力不仅对将来的事情产生影响，而且对此时此地的生活产生影响。获得"拯救"并非仅仅源于当下，它首先源于将来。于是期待着"主的再临"的当下生活就处于一种"困窘"（Bedrängnis）中。当前所做的或者必

---

① 参看海德格尔：《宗教生活现象学》，第97页，译文略异。原文为斜体显示，中译本未标出。——译注
② 参看海德格尔：《宗教生活现象学》，第127页，译文略异。——译注

须去做的全部事情都处于这种"再临"的征兆下。基督徒"始终生活在只-还（Nur-noch）中，这加深了他的困窘"（全集卷60，第119页）①。那些必须做的事情，必须"还"得去做。"基督教式的生存"已经在"完全决裂"中抛弃了过去非基督教的生活，"困窘"无可逃避。基督徒必须"将自身置入困迫中"（Sich-hinein-Stellen in die Not）从而为"主的再临"保持敞开（全集卷60，第98页）②。就生存的将来实现而言，对时间与历史的"实际经验"就存在于这样一种"困迫"当中。

这种"受到促迫的时间性"的样式不允许对主之回返的时刻做更准确的追问，或者对之加以限定。这种对时间性的"实际经验"并不知道"自己的秩序与固定位置"（全集卷60，第104页）③。它既不是客观的时间经验，也不是主观的时间经验。等待"主的再临"不可能像等待"以将来的方式在时间性中伫立并突显而出的事件"（全集卷60，第114页）④那样。"基督教式的生存"唯独只存在于对"困迫"的当下承受中，而这种困迫源出于业已得到宣示的"拯救"，因为对困迫的"救赎"已经得到了预告。

这种"困迫"被一种独特的"实际经验"所加深。《帖撒罗尼迦后书》的撰写者谈到了上帝之回返的一个特定条件。在主重新显现之前，一个"敌人"（《帖撒罗尼迦后书》，1:4）⑤必定显现。这个"敌人"被称为"撒旦"（《帖撒罗尼迦后书》，1:9）⑥。或许能够反映

---

① 参看海德格尔：《宗教生活现象学》，第125页，译文略异。——译注
② 参看海德格尔：《宗教生活现象学》，第99页，译文略异。——译注
③ 参看海德格尔：《宗教生活现象学》，第107页，译文略异。——译注
④ 参看海德格尔：《宗教生活现象学》，第119页，译文略异。——译注
⑤ 此处《圣经》引文出处似乎有误，应为2:4。——译注
⑥ 同样，应为2:9。——译注

出海德格尔的特点是，海德格尔极为认真地对待这一实事状况。因为他接下去说："谁认出敌基督者，谁就被判为真正的基督徒。"（全集卷60，第110页）①"基督教式的生存"特殊的时间体验包含了对"敌上帝者"的"识别"（全集卷60，第155页）②。这种"识别"体现在对"敌基督者"所散布的谎言与诱惑予以揭穿。在"敌上帝者"的诱惑中迷失的可能如果缺失，"拯救"便无法获得。"基督教式的生存"的当前"困窘"决定性地由"敌基督者"的现身出场所规定。

"活出了""如此这般的时间性"的"基督教式的生存"识得"敌上帝者"，后者既不首先表现为原罪，亦非道德过失，相反，它呈现在"撒旦"——这一恶的神秘的化身——的实际形象当中。1921年，海德格尔致信他的老师李凯尔特："在现象学范围内，良知之探究已经变得不可避免了。"③此番评议毫无疑问出现在某种宗教哲学的语境下。在"基督教式的生存"中，"良知之探究"必不可缺，因为"敌上帝者"出现在对时间性的"实际经验"里。后来，海德格尔将会谈到"恶"并不存在于"人类行为的单纯恶劣中"（全集卷9，第359页）④，而是存在于"狂怒所带有的恶性的东西"（Bösartigen des Grimmes）中。这种恶性的东西包含在"存在自身"之中。因此，"恶"（Böse）或者"恶-性的东西"（Bös-artige）在早年对《帖撒罗尼迦书》的解释的十足意义上不是人类的主观属性。相反，它以时间性—历史性的方式发生。

此处，在《黑皮本》的反犹主义的光照之中，这样一个问题变

---

① 参看海德格尔：《宗教生活现象学》，第114页，译文略异。——译注
② 参看海德格尔：《宗教生活现象学》，第166页。——译注
③ 海德格尔、李凯尔特：《1912年至1933年通信集及其他文献》，2002年，第57页。
④ 参看海德格尔：《路标》，孙周兴译，商务印书馆，2001年，第422页。——译注

得不可避免，在这些宗教现象学的思考中反犹的（antisemitische oder antijudaistische）影响在多大程度上已经能够得到辨认。比如说，海德格尔表示，对他的研究而言"希腊文原始文本"（全集卷60，第68页）[1]必须作为基础。人们指出，海德格尔由此隐瞒了保罗的希腊语受到希伯来语的很大影响。[2]此外，为"基督教式的生存"所要求的与过去的"完全决裂"的激进性容易让人想到，犹太文化亦即《旧约》同样可能属于有待抛弃的事物。实际上，海德格尔评论说，保罗处于"与犹太人和犹太基督徒（指皈依基督教的犹太人）的斗争中"（全集卷60，第68页）[3]。而海德格尔归诸基督教的时间经验，难道不是依赖于一种为哲学家所忽视的犹太人的弥赛亚主义？[4]这是完全可能的。从中可能可以推论出，海德格尔排除掉了犹太文化的重要意义。可以确定的是，海德格尔因其对"希腊—基督教的生活解释"的兴趣而使得犹太文化的意义隐没不闻。日后的反犹言论能够让我们做出推论，这样一种忽视并非偶然。然而，我们是否自问过，倘若我们不了解海德格尔日后有关犹太文化的言论，海德格尔的保罗阐释还是反犹的吗？在此处以及——我们将会看到的——其他地方，我们碰到了这样一种两难，即反犹主义有所显露，却无法明确无疑地得到证明。我们碰到了"怀疑"的解释学问题，我稍后还会对此加以深入探讨。

海德格尔对基督教信仰传统的现象学—解释学辨析表现为"对

---

[1] 参看海德格尔：《宗教生活现象学》，第68页。——译注
[2] 参看多纳泰拉·迪·切萨雷（Donatella Di Cesare）：《海德格尔，犹太人，大屠杀》（*Heidegger, die Juden, die Shoah*），维托里奥·克罗斯特曼出版社：美茵法兰克福，2016年，第354页以下。
[3] 参看海德格尔：《宗教生活现象学》，第69页。——译注
[4] 参看马莱内·扎拉德（Marlène Zarader）：《未思的欠债：海德格尔与希伯来遗产》（*La dette impensée. Heidegger et l'héritage hébraïque*），塞伊出版社（Edition du Seuil）：巴黎，1990年。

原始基督教的—实际的生存"的凸显，对处于其源头处的基督教的凸显。他的目标源自对历史进行"现象学式解析"的计划。在这种开显的核心处有一种尝试，亦即使更原初地理解纠结在时间和历史中的"实际生活"成为可能。海德格尔对"基督教式的生存"的辨析出现在20世纪20年代早期的一小段时间内。此后，他再也没有以这种形式重新回到"基督教式的生存"。然而这并不意味着可以轻视这种分析对海德格尔思想的意义。毋庸置疑，海德格尔在其全部广度内对时间性的本己解释，与其说受到希腊的时间理解的规定，不如说受到基督教（犹太-弥赛亚主义）的规定。这种时间解释的至为重要的特征不只在于将来较之过去和当下的优先地位，还在于将来根本性地改变了现实的实践，因而这种同这一将来的关系对现实的实践来说具有一种特殊的重要意义。然而我们必须指出的是，海德格尔稍后在"二战"结束之际，提出一种"存在之末世论"（全集卷5，第327页）[①]的思想，他试图由此将基督教的时间理解纳入"存在之历史"中。

以亚里士多德和柏拉图为开端

海德格尔立论的一个出发点是，唯有通过对"生活的实际性"之历史来源的解释，才能获得对它的认识。对"我们的""实际性"的历史来源的探究构成了"希腊—基督教式的生活解释"（我们已经指出了海德格尔有意识地排除了犹太文化的影响）。"实际性的解释学"必须就其概念界定和实践含义为什么被这种"生活解释"所规

[①] 参看海德格尔：《林中路》，孙周兴译，商务印书馆，2015年，第370页。——译注

定加以阐明。

人类学中那些显而易见地刻画出欧洲的人类形象的东西,来自对希腊源头的一种基督教式解释。对于海德格尔,这样一种阐释的出发点乃是柏拉图与亚里士多德哲学。首先在中世纪经院神学中——海德格尔研习过天主教神学,精通中世纪神学——对人的基督教式理解,就在于基督教-神学范畴与亚里士多德哲学的一种特别的嫁接。海德格尔由此确认,"生活的实际性"的显明应当追溯至对亚里士多德哲学更原初的解释,这一解释要回到对亚里士多德的基督教-经院式占用之前。这一回返的最早文献是海德格尔于1922年底完成的一篇文章。这篇文章是他为获得马堡的一个空缺教授席位(他后来获得了这一席位)做准备而应哲学家保罗·那托普(Paul Natorp)的要求写下的。这份被称为《那托普报告》(*Natorp-Bericht*)的文献将海德格尔那些年在他的讲授课上讲授的一些结论总结在一起。而且这份报告构成了五年后出版的著作《存在与时间》的胚胎。这份文献是一次对亚里士多德文本的现象学式阐释。

海德格尔进入亚里士多德哲学的特别之处在于这一事实:这位哲学家将西方哲学的这位伟大轴心人物之一的著作首先解释为制作的[①]—实践的生活(poetisch-praktischen Lebens)的概念式展现。生活概念在这一阐释中发生的推移在此是关键。现在"生活"被视为"存在",被"存在论式地"来理解,"关键取决于存在,就是说,它'存在',存在之存在(Seinssein),即存在'存在着'(Sein 'ist'),就是说存在作为存在真正地并根据其重要性(在现象中)存在于此"

[①] poetisch一词源于希腊语*poiesis*,原意为制作、创作,引申为诗作,此处联系到上下文将poetisch译为制作的。——译注

（全集卷61，第61页）①，海德格尔在这一时期的一份授课稿中这样写道。在这一语境中生活的特征被界定为"人之此在"（menschliches Dasein），即一种特殊的"存在者"："生活＝此在，在生活中并通过生活'存在'。"（全集卷61，第85页）②这种哲学思考的对象乃是"人之此在"的"存在特性"（Seinscharakter）。解释学式的现象学变为一种"存在论式的现象学"（全集卷61，第60页）③。《存在与时间》中概念界定的方向由此得到了指明。

"生活"概念向"存在"问题的这一推移对于海德格尔的哲学总体来说是决定性的一步。正如《存在与时间》中所称的那样，"存在之意义"（全集卷2，第1页）的问题，困扰着海德格尔的思想并一再给予其激发，是其独特道路的枢纽与关节点。我还会回到这上面来。

将"生活"转释为"存在"要归溯到某些原点上，海德格尔从亚里士多德哲学中接受了它们。亚里士多德在其关于自然亦即关于物理学（*phýsis* ＝自然）以及关于超越自然并构成自然之背景（*méta tà physikà* 之存在者＝在自然物"之后"的存在者；还有另外一种出版编订方面的"形而上学"概念的含义，我这里暂且忽略）的存在者的讲演中展示了他的存在论。亚里士多德在《形而上学》讲稿的第四卷开始（1003a21）介绍了一种将"存在者作为存在者"（*tò òn hê ón*）来考察的科学（*epistéme*）。这一关于"存在者"的理论不可与任何其他科学进行比较，因为其他科学研究的是各种特殊的"存在者"（比如数字作为"存在者"）而不是普遍地将"存在者作为存在者"来处理。既然哲学乃是对"存在者"之第一因（*aítia* [原因] 或者 *archaí* [本原]）的追问，所以有关如此这般的"存在者"的理

---

① 参看海德格尔《对亚里士多德的现象学解释》，第54页。——译注
② 参看海德格尔《对亚里士多德的现象学解释》，第75页。——译注
③ 参看海德格尔《对亚里士多德的现象学解释》，第54页。——译注

论必须对其第一因加以探究。

亚里士多德的思想将这种"作为如此这般的存在者"的特殊理论与其他科学区分开来。并非所有知识都与"存在者"的第一根据有关。因此除了理论知识（*epistemé theoretiké*）之外还有关于政治（*epistemé politiké*）、关于行动（*epistemé praktiké*）和关于制作的知识（*epistemé poietiké*）。理论知识包括三个"存在者"之领域：自然事物（物理）、数字（数学）和神圣者（神学）。这些理论科学优先于其他科学。在这三个存在领域中关于神圣者的科学又居于首位。以神圣者为主题的理论因此也就是所有哲学中的第一哲学（*próte philosophía*，1026a24）。

探究"存在者"，首先意味着考虑"存在者"之实体（Wesen，*ousía*）①。亚里士多德区分了三个层次的实体（1069a30），即两种自然的（被推动的）、可感官感知的实体，与第三种不动的实体。两种自然的实体中第一种是各种可朽的生命，第二种是永恒的星辰。不动的实体即神圣者（*theîon*）或者神（*theós*）。在亚里士多德看来这个神全然是精神和纯思（*noûs*）。神是纯粹的现实性（*enérgeia*），他能够永不疲倦地思考因而实现所有可能的活动中最好的活动。因为神能够思考的只是至善者，所以他永远思考自身。因此亚里士多德就可以将这种实体描述为思考自身的纯思（*nóesis noéseos*，1074b24）。神圣者的意义此外还在于使所有"存在者"运动了起来。神圣者是推动一切但自身不被推动的实体（*ti kinoûn autò akíneton*，1072b7）。这一实体是不动的第一推动者（*prôton kinoûn akíneton*）。

根据亚里士多德的看法，人的至福就在于观照神圣者。这样的

---

① *ousía* 为古希腊文，由希腊文的系词的不定式变化而来，具有实体、存在、本质、在场等义。Wesen 一般译作本质，此处为 *ousía* 的对译，译作实体更合适。——译注

观照不是实践和制作的，而是理论的活动。亚里士多德认定理论或者说第一哲学即神学，由此他为欧洲哲学以及基督教神学给出了一个方向，这一方向直到今天仍决定着许多哲学家的习性与激情（Ethos und Pathos）。

然而海德格尔却反对亚里士多德的这个论断。对于海德格尔而言，《尼各马可伦理学》第六卷是对亚里士多德文本进行具体阐释的中心，在书中亚里士多德论述了所谓的"理智德性"（dianoetischen Tugenden），也就是那种引导思考与认识的德性，或者说——与希腊词 aretai[①] 相应——完善性（Bestheiten）。海德格尔强调了其中两种德性：明智（phrónesis）与智识（Wissen, sophía）[②]。

按照海德格尔的看法，phrónesis 是为日常生活实践中的要务考虑而"有所操持的环视"（fürsorgende Umsicht）（《那托普报告》，第42页）。phrónesis 引导我们应对生活中遭遇的种种事务，而无须提出本真的、最终的问题。它是一种帮助我们解决生活中的日常事宜的知识，一种生活上的明智。它并不明了理论知识的最终真理，而是知道一种具有实践含义的真理。这种"实践的真理"处于"实际生活中的总是无遮掩的完全瞬间（Ausenblick），即在其与自身的决定性的交道之准备状态的如何中的实际生活"（《那托普报告》，第50页）[③]。这种"实际生活的完全瞬间"涵盖了我们不以最终的知识有效

[①] aretai 为 areté 的复数，areté 本意为各种事物，包括动物与人所固有的才能，引申出的"德性"一义指各种生物按照各自天性生存，充分发挥自己的才能，以达到最善好的状态。——译注

[②] Wissen 通常意义上指知识、知道、知解，此处作者用来翻译亚里士多德所说的灵魂用以做出肯定和否定的五种品质之一，即理智德性之一的 sophía。sophía 在一般译本中译为 Weisheit，即智慧。五种品质中还有一种是 epistéme，德译一般译为 Wissenschaft，即科学或者说知识。此处根据作者的译法将 Wissen 译为智识，以与 sophía 相应，与 Wissenschaft 相区别。参看《亚里士多德的哲学著作》，第三卷，汉堡，1995年，第133页。——译注

[③] 中译参看海德格尔：《对亚里士多德的现象学诠释：阐释学处境的显示》，孙周兴译，商务印书馆，2022年，第54页。——译注

性为鹄的的整个行动领域。既然当时的海德格尔，当他开始对亚里士多德的思想进行深入探讨时，首先致力于"实际生活"现象，那么便可以理解他何以恰好将 *phrónesis* 这一理智 *areté* 视为对亚里士多德的决定性揭示。

与此相对，海德格尔以另外一种方式处理 *sophia*。*sophia* 是一种"本真的、观照的理解"（eigentliches, hinsehendes Verstehen）（《那托普报告》，第42页），在对"神圣者之理念"（《那托普报告》，第55页）的静观中寻获其最高的完满。不同于明辨"实践真理"的 *phrónesis*，*sophia* 认识的是最高的理论真理。这种最高的理论真理就是神圣者，对于亚里士多德而言，神圣者不是在一种"宗教的基本经验中"而是"在被推动的存在者（Bewegtseienden）之理念的存在论极端推演（Radikalisierung）中变得可通达"。依海德格尔之见，"被推动的存在"（Bewegtsein）在于一种"纯粹的觉知"（reinen Vernehmen），它"摆脱了与其觉知之物的各种情感化关联"。海德格尔的这种解释是否准确无关紧要：他意在超出的是"存在论的基本结构，这些基本结构后来在特定的基督教意义上规定了神圣存在"。他想提请人们注意的是，基督教神学以及受其影响的哲学思辨，比如"德国观念论"，当它们返回亚里士多德第一哲学时，"都在以借来的、对自己本身的存在域来说陌生的范畴"进行言说。与此相对，海德格尔强调了古希腊存在论和基督教教义之间的一种清晰的差异。这一"存在论的基本结构"通过中世纪对亚里士多德的接受（当然，并非仅仅通过对亚里士多德的接受）渗透进基督教神学，而我们已经看到，这位哲学家是如何在没有被"存在论的基本结构"所牵绊的情况下阐释了保罗的原始基督教文本。

海德格尔对亚里士多德哲学的讨论可以从这个意图来考量，即在古希腊哲学和基督宗教的区别中为他本人的思想找到一个基础。他相信，欧洲思想的演变产生了一种传统之混杂，在这一混杂中，什么是哲学和什么是哲学家的原初认识遗失了。海德格尔相信，在向古希腊哲学的回返中，能够获得这样一种认识。不过他不仅仅在对亚里士多德的阐释而且也在对柏拉图的阅读中进行这番尝试。

1924/25年冬季学期在马堡关于柏拉图对话录《智者》的讲授课见证了他向柏拉图哲学的接近。海德格尔首先经由亚里士多德而回退到柏拉图，由此寻找通达柏拉图思想的道路。他秉持这一解释学的意图："在进行解释时应从清晰的东西到模糊的东西。"（全集卷19，第11页）[①]涉足柏拉图能更深入地抵达欧洲哲学的本源。从柏拉图那里海德格尔意图去经验，哲学与哲学家的原初规定是什么。

因为这篇对话要完成"澄清哲学家是什么这一任务"（全集卷19，第245页）[②]，它讨论了智者与哲学家有何区别。然而海德格尔不愿意将这一区别仅仅简单汇报一番，而是想通过对对话录的阐释把这一区别加以仔细的展开。在柏拉图那里涉及"对一些实事的当下呈现（Vergegenwärtigung）"，这些实事说明了什么是智者。这篇对话于是变成一场"检验"，检验20世纪的哲学是否"具备实事求是（Sachlichkeit）的自由"（全集卷19，第257页）[③]。在对古希腊哲学的讨论中，现代思想需要证明自己是否还能产生成为"哲学"的力量。

在这里如果不追问哲学的主题是什么，显然就不可能解释清哲学家的本质。海德格尔对这篇对话的兴趣特别针对那些柏拉图就这一主题加以阐述的段落。在这个意义上柏拉图的如下表述最为重要，

[①] 参看海德格尔：《柏拉图的〈智者〉》，熊林译，商务印书馆，2015年，第12页。——译注
[②] 参看海德格尔：《柏拉图的〈智者〉》，第330页。——译注
[③] 参看海德格尔：《柏拉图的〈智者〉》，第342页，译文略异。——译注

后来海德格尔将其作为《存在与时间》的篇首题词：

> 既然现在我们已经不知道任何解决办法，那么你们必须亲自向我们说明，当你们说及存在者（*ón*）时，究竟想要指什么。因为显然你们早就了解它，而我们以前也曾以为了解它，现在却困惑无助。（斯特方本编码244a）

回答"存在者"的一种或多种含义是"整个对话的真正主要的用意"（全集卷19，第447页）①。

在上述引文稍后不远，围绕"存在者"含义的争论被《智者》中的主要形象"陌生人"（*xénos*）描述为一场 *gigantomachía perì tês ousías*（斯特方本编码246a），一场围绕"存在"的巨人之争。海德格尔相应地提出了如下问题："陌生人"提到这场围绕"存在"的哲学之战想要说些什么。这一令人迷惑的描述处理的又是什么问题呢？按照海德格尔的看法，这涉及"对那真正满足存在之意义的存在者的揭示"（全集卷19，第466页）②。这一洞见不仅仅主宰着20世纪哲学的主要著作之一③，而且支配着这位哲学家的整个思想：哲学思考意味着，提出"存在之意义"的问题。整个欧洲哲学在根本上不过是这样一件工作，即不断以不同的方式提出与回答这一问题。

但关键在于看到，欧洲哲学自柏拉图以降从未明确地提出这一"存在之意义"的问题。确实，欧洲思想的这位伟大导师本人并没有将这一问题明确表达出来。但这并不意味着柏拉图或者亚里士多德

---

① 参看海德格尔：《柏拉图的〈智者〉》，第580页。——译注
② 参看海德格尔：《柏拉图的〈智者〉》，第607页，译文略异。——译注
③ 指《存在与时间》。——译注

从不知晓"存在之意义"。柏拉图和亚里士多德没有提出"存在之意义"问题，因为对他们而言它太过"不言而喻"。因此"存在之意义"构成了希腊以及随后的欧洲哲学思考中某种不是作为主题却作为背景的东西。所以现在通过一种"追加的解释明确地"使这一"未被问及的不言而喻性表达出来"便成为主题之所在。海德格尔的哲学即将自身理解为这种"追加的解释"。然而在此尤为重要的是弄清如下一点：这位哲学家在对"存在之意义"的"解释"中在多大程度上有所修正，以至于他从欧洲哲学的柏拉图—亚里士多德开端的直接影响中解放出来并加以重新阐释。

"不言而喻的""存在之意义"暗中引导着柏拉图与亚里士多德的思想，它被海德格尔简练地表达为一个公式。这个公式非常简短："存在 = 在场状态（Anwesenheit）"（全集卷19，第466页）①。通过指明古希腊词 *ousia* 的一种特定含义，海德格尔达到了这一认识。具体说来，*ousia* 在古希腊语中绝不单单意指"存在"或者"本质"（Wesen）。就如德文词"Anwesen"既可以指"所有物"（Besitz）也可以指"房屋"（Haus），*ousia* 也指"所有物"意义上的"在场"（Anwesen）。当有人说到他的所有物，他的地产和田产时，他指的是某种可以依托的东西。这种东西肯定不是首先需要生成也不是已然消逝，而是对他而言在场着的（anwesend）。对海德格尔来说，*ousia* 与"在场"的这种关联暗示出，"存在之意义"必定与时间具有某种联系。

因此，作为"在场状态"的"存在之意义"并非源于一个被剥离出的哲学理念，而是来源于"实际的此在"——*ousia* 的含义，即

---

① 参看海德格尔：《柏拉图的〈智者〉》，第607页。——译注

在所有物或者房屋意义上的"在场"显示了这一点。在海德格尔看来，无论是柏拉图、亚里士多德还是他们之后的其他哲学家都没有考虑过这一以非主体性的方式延续着的"存在之意义"。但由于"其中包含着时间的整个难题，并由此包含着此在的存在论的整个难题"（全集卷19，第467页）[1]，它又是欧洲哲学的引力中心（Gravitationszentrum），所以将"存在之意义"问题明确地作为哲学的首要任务，对海德格尔而言就变得必要了。

随着由"生活的实际性"的主题向"存在之意义"的推移，海德格尔的思想走上了自己的轨道。对于海德格尔而言，哲学思考全然意味着追索其中的希腊印迹，这些印迹产生自柏拉图之前的时代。为此他一再返回亚里士多德、柏拉图以及对他而言"更具开端性的"前苏格拉底的思想（前苏格拉底的思想与荷马、品达和索福克勒斯的诗歌具有亲缘性）。无疑，对欧洲哲学传统中希腊印迹的重要性的强调激励了整个20世纪的思想。相比之下，无论是胡塞尔的现象学还是恩斯特·卡西尔的新康德主义，都与哲学的希腊开端没有特别的联系。阿伦特有一次曾这样说：

> 举例而言，在技巧上具有决定性的不是就柏拉图进行讨论和介绍他的理念说，而是整个学期一步步地耙梳并诘问一篇对话录，直到不再有流传千年的学说，而只有一个紧扣当下的难题。如今这对您而言想必十分熟悉，因为现在有很多人是这样做的；在海德格尔之前从未有人这样做过。[2]

---

[1] 参看海德格尔：《柏拉图的〈智者〉》，第608页。——译注
[2] 《海德格尔与阿伦特通信集》，第182页。（中译参看《海德格尔与阿伦特通信集》，朱松峰译，南京大学出版社，2019年，第232页，译文略异。——译注）

海德格尔对"希腊人"的不断重提,他使希腊思想鲜活显现的能力,影响了数代哲学家和古典语文学家,直到今天。在对20世纪根本世界现象的解释可能性方面,一种系统性的收获毋庸置疑来自这一源头。然而我们必须认识到,海德格尔为思想的希腊传统做出的决断确认了:哲学思考始终意味着追问"存在"。

　　十年后,海德格尔有一次评说道,如果他"还会写一部神学的话","'存在''一词不会在里面出现"(全集卷15,第437页)[①]。在就原始基督教来探明的"实际生活"的阐释里,海德格尔将一种现象摆至眼前,这种现象不可能通过柏拉图—亚里士多德思想的"存在论基本结构"得到掌握。海德格尔的思想从"实际生活"到"实际此在",从"生活的实际性"到"存在之意义"的运动看上去并不是必然的步伐。因此有一些海德格尔的研究者在"生活的实际性"的早期讲授课中恰恰发现了一种特别的吸引力。[②]然而,即便从"生活的实际性"到"存在之意义"的运动并没有呈现出必然的连续性,海德格尔在《存在与时间》中却也没有放弃继续顾及"实际性"现象。在《存在与时间》中这成为了"基础存在论"的一个环节。

[①] 参看海德格尔:《讨论班》,王志宏、石磊译,孙周兴、杨光校译,商务印书馆,2018年,第525页,译文略异。——译注

[②] 对此特别可以参看索菲亚-扬·阿林(Sophie-Jan Arrien):《思想的忧虑:早期海德格尔的生命解释学》(*L'inquiétude de la pensée. L'herméneutique de la vie du jeune Heidegger [1919-1923]*),法国大学出版社(PUF):巴黎,2014年。

"存在之意义"

"此在"分析论或作为"向死存在"的生存

海德格尔于1927年出版了他的著作《存在与时间》第一部，此前十一年他未曾出版任何东西。[①]此书改变了哲学的讨论局面，起初是德国，随后是欧洲——如今它被视为20世纪最为重要的哲学著作之一。即便对海德格尔多有非议的尤尔根·哈贝马斯也对《存在与时间》的出版做出了这样的评论："即使从现在来看，这一新的开端也构成了自黑格尔以来德国哲学中可能是最为深刻的转折。"[②]像让－保罗·萨特或者伊曼纽尔·列维纳斯这样的哲学家在基本层面受到《存在与时间》的影响。然而，这本书不仅仅影响了哲学。精神分析家雅克·拉康同样受到这本书的吸引。此外，这本书还在神学和文学研究方面产生了影响。

凭《存在与时间》一书，思想家海德格尔在哲学的广阔舞台上亮相了。如果要了解这部作品深远宏巨的影响史，仅仅对著作中所发生的理论变革有所认识是不够的。毫无疑问，作品的成功也与它

[①] 1916年海德格尔出版其教职论文，离1927年《存在与时间》发表共十一年，中间没有发表任何东西。参看后附录海德格尔生平。——译注

[②] 尤尔根·哈贝马斯：《海德格尔——著作与世界观》（"Heidegger – Werk und Weltanschauung"），维克托·法里亚斯（Victor Farías）的《海德格尔与纳粹主义》（*Heidegger und der Nationalsozialismus*）前言，S. 菲舍尔出版社（S. Fischer）：美茵法兰克福，1989年，第13页。（中译可参看《海德格尔与纳粹主义》，郑永慧译，时事出版社，2000年。——译注）

的风格紧密相关。那种独树一帜的写作风格在震慑读者的同时，令他们着魔。比如，日耳曼语文学学者埃米尔·施泰格提到海德格尔"语言的阴沉强力"，他在初次阅读《存在与时间》时，就已"不可抵挡地"被这种强力给攫获住。这部著作操持着一种遭到公众"极大诋毁的语言"。但施泰格却承认，在他看来这种语言是"哲学文字中最有成就的语言之一"①。无论一个读者如何体会和评价海德格尔的风格，无论我们如何看待风格与哲学之间的关系，海德格尔的作品都像黑格尔或者尼采的文本那样，是以一种独特的德意志语言写成的。

《存在与时间》一直是残篇。著作的最初六版都印有"第一部"的副标题。根据书中第八节所预告的"本书纲目的构思"，海德格尔甚至没有完成拟订好的两部中的第一部。然而1927年夏季学期马堡讲授课"现象学之基本问题"包含了经过修订的第三节，海德格尔原本将其拟订为第一部的最后一节。至于有人怀疑海德格尔已经写好了未予出版的部分，却觉得不够完善而将其销毁，这不过是传闻罢了。根据所有与这一问题相关的已知证据，我们必须实事求是地承认，续写《存在与时间》的计划已经被放弃了。这一点特别揭示了海德格尔思想的"道路特征"。即便最可能被称为"作品"的文字，也是海德格尔思想大约在1920年至1926年间的发展的片段性的痕迹。

在《存在与时间》里，海德格尔重新接续了他在《那托普报告》和有关柏拉图《智者》的讲授课中着手编织起来的线索。他提出了"存在之意义"问题，意图将这个问题带到一个"基础"（Fundament）上，哲学家因而把《存在与时间》中的规划称为"基

---

① 埃米尔·施泰格：《回顾》（"Ein Rückblick"），收于奥托·珀格勒尔（Otto Pöggeler）编：《今日海德格尔——解释其作品的多样视角》（*Heidegger heute. Perspektiven zur Deutung seines Werks*），科隆与柏林，1969年，第242页。

础存在论"（Fundamentalontologie）。海德格尔选择了一种"作为范本的存在者"（全集卷2，第9页）①作为尝试回答"存在之意义"问题的出发点。这种"存在者"是一种"在它的存在中与这个存在本身发生交涉"的"存在者"（全集卷2，第16页）②，是一种不仅能够操心自己，而且还能够操心"存在自身"的"存在者"，一种"总是已经"具有"存在领会"（Seinsverständnis）因此与所有其他"存在者"相区别的"存在者"。这种"存在者"便是人。人以能够追问存在的方式而"领会"着"存在"。不过海德格尔给了这种"存在者"一个专门的头衔和名称。这种能够追问"存在"的"存在者"——人——乃是"此在"。

其他哲学家比如康德或者黑格尔已经——当然是在另一种意义上——使用了这一指称，但海德格尔的用法别具一格。就人恰恰"领会着存在"而言，人或者那种使人成为人的东西，人的"本质"，就是"此在"。这一陈述并不排斥人的"本质"还可以得到别种指称。在柏拉图那里，人是能够跳舞的动物，因为他懂得什么是节奏（《法律》，653e）。而按照亚里士多德的看法，人是政治的动物，因为他拥有语言（zôon plitikón 或者 zôon lôgon échon，《政治学》，1253a）。在基督教那里，人作为上帝的肖像（imago dei）是造物主（ens increatum）所创造的受造物（ens creatum）。还有其他一些定义可以补充进这一有关人或者人性的定义的序列。不过这产生了人之定义的随意性的印象，海德格尔对"此在"的"基础-存在论式的"本质规定正试图克服这种随意性。

---

① 参看海德格尔：《存在与时间》（中文修订第二版），第12页。——译注
② 参看海德格尔：《存在与时间》（中文修订第二版），第17页，原译文中"与"（um）一词的斜体未经标示。——译注

《存在与时间》并没有做这样的表述：人是"此在"；相反，书里写："此在"是人。如下情况并不确实：在那些"人"在其中作为基础而起作用的五花八门的定义中，有一个定义叫"此在"。海德格尔也没有将"此在"理解为人的一种属性。毋宁说，"此在"乃是基础（Grund）。由这个基础而来，人才能是其所"是"。由于"此在"是这样一种基础，人才能够同样被规定为跳舞的或者政治的动物。然而，按照海德格尔的看法，人也能够是"此在"或者"此-在"——此外无他。

　　"此在"并不是被称为"人"的那个对象的一种属性。海德格尔认为，"此在"乃是"此之存在"（Sein des Da）（全集卷2，第316页）①。"此"（Da）不能在指示性（deiktisch，显示性）的含义上——在"这里"（Da）②有一个人的意义上——得到理解。"此"标示的毋宁是对"存在"一般的领会而言的"展开状态"（Erschlossenheit）或"敞开状态"（Offenheit）。正因为能够有这样一种领会和把握，使得"此"的"总是已经"得到开启的"敞开状态"得以可能，使得在"向着存在者的敞露"（Ausgesetzheit zum Seienden）（全集卷65，第302页）③意义上的"生存"得以可能。"此在"与人诚然并非同一的现象，然而从"敞开状态"出发来看，昭然若揭的是，独独人能够去成为"此在"。在海德格尔看来，动物是无从领会"存在"的。④

---

① 参看海德格尔：《存在与时间》（中文修订第二版），第330页。——译注
② Da既有"这里"也有"那里"的空间含义，这种空间含义在日常德语中可以是用来指出一个地方，所以作者提到"指示性"的用法。——译注
③ 参看海德格尔：《哲学论稿》，第319页。——译注
④ 雅克·德里达批判了海德格尔几乎在各个地方所保持着的针对动物的划界，参看《性（海德格尔）；性别差异，存在论差异；海德格尔的手（性Ⅱ）》（*Geschlecht [Heidegger]. Sexuelle Differenz, ontologische Differenz. Heideggers Hand [Geschlecht II]*），帕萨根出版社（Edition Passagen）：维也纳，1988年，第66、67页。

海德格尔令一种特定的"存在者"亦即"此在"成为其研究的基础，他试图以此提出"存在之意义"的问题并且接近这一问题的答案。因为"此在"是使得"存在领会"得以可能的敞开状态。根据这个意思，"此在"是人的基础，而不是人自身。这一区分是本质性的，因为它翻开了哲学史的崭新章节。近代哲学预先认定，对"存在"的领会取决于人的认识能力，就此而言，它已经将人之存在的基础与人等同起来了。笛卡尔以来的近代哲学将人规定为"存在"的基础，规定为"主体"，规定为那个对一切其他"存在者"来说作为基础陈放着的东西（*subiectum* = 被放置于下面的东西[Untergelegte]）。与此相反，作为"存在之意义"问题之基础的"此在"诚然是某种特别的存在者，或者如海德格尔所说，此在是"别具一格的（ausgezeichnet）存在者"，但是，我们谈及"此在"时就像谈及动物一样，说它"存在"（ist），因而就"存在"来看，"此在"正与动物及植物一样乃是某种"存在者"，"此在"并非"存在"的基础。"此在"不是"主体"，不是那种主管机构，一切其他"存在者"都可以像被引回到一种普适尺度上那样被引回到它身上。在《存在与时间》当中，即使海德格尔在一些地方肯定性地使用"主体"概念，"此在"与"主体"的这一区分也依旧适用。

然而，即使海德格尔将"此在"视为一种"存在者"，他仍然将其规定为一种"别具一格的存在者"。这一细节颇为重要。即便海德格尔通过《存在与时间》的研究抛弃了笛卡尔思想的立足点，他并未完全脱离这种思想的传统。因为他将"存在"标示为"地地道道是 transcendens［超越者］"（全集卷2，第51页）[①]。海德格尔在日后添

[①] 参看海德格尔：《存在与时间》（中文修订第二版），第53页。——译注

加的页边评注中写道，这种"超越者"（transcendens，字面翻译即攀爬超过者［Übersteigende］）不能以"经院哲学和希腊-柏拉图的方式"被理解为绝对者（当思想抛弃了有限的"存在者"之际，它就处于通向这种绝对者的途中）。然而，"任何一种对作为超越者的存在的开展"都始终是"先验的认识"，一种涉及认识之条件的认识。（海德格尔在对《存在与时间》的日后回顾中提到一种"对先验问题的弱化的使用"。然而"弱化"［Potenzierung］还不是克服。《存在与时间》因而并未离弃"先验的提问方式的轨道"。）

海德格尔从"此在"开始其研究，以便能够提出"存在之意义"的问题。"此在"身上的诸种特征需要得到"分析"，正是这些特征能够澄清"存在之意义"。海德格尔将这些特征称为"存在方式"（Seinsweisen）或者"存在样式"（Seinsmodi）。如果"此在"成为考察的"对象"，其"存在方式"就会显示出来。然而"此在"并非一个孤立的"对象"。"此在"以一种特殊的方式发生，这种方式不能经由"分析"而被改变。海德格尔因此写道："毋宁说，我们所选择那样一种通达此在和解释此在的方式必须使这种存在者能够在其本身从其本身显示出来（an ihm selbst von ihm selbst her zeigen）。也就是说，这类方式应当像此在首先与通常所是的那样显示这个存在者，应当在此在平均的日常状态中显示这个存在者。"（全集卷2，第23页）① "此在"应当"在其本身从其本身显示出来"。在这种接近自然的状况下，"此在"处身于日常生活中。因此"此在分析论"就从将日常实践活动作为主题开始。

然而对"此在"的日常实践活动的研究含有一个影响极大的前

---

① 参看海德格尔：《存在与时间》（中文修订第二版），第24页。——译注

提。海德格尔从一开始就想要对处于"整体性"（Ganzheit）之中的"此在"进行考察。乍看之下，"整体性"不如说是"此在"的一种抽象特征。日常生活对我们来说显得散漫零乱，我们发现自己身陷林林总总而毫无关联的活动中。海德格尔据此谈到了"结构整体之建制（Verfassung）及其日常存在方式在现象上的多样性"（全集卷2，第240页）①。然而"此在"在所有这些涣散状态中有着一个统一的"结构整体"。

"此在"的"整体性"如其日常的涣散状态一样，是一种时间现象。当"此在"已死时，当他发现其"终结"时，"此在"才是"整体的"。只要"此在"处于其时间性的展开之中，只要"此在"是有限的和必然赴死的，就构成了一个统一的"结构"。海德格尔把这个"结构整体"称为"向死存在"（全集卷2，第314页以下）②。尽管"此在"可能在日常生活中表现得断断续续，由于它不得不赴死，它就将自身聚集在一种统一性中。"此在"在其"整体性"中是"向死存在"。

日常实践活动是海德格尔"此在分析论"以之为定向的中心范型。而《存在与时间》的核心思想则以这种定向为背景。当"此在"在其日常状态中得到研究，"时间性"就显明为它的"意义"（全集卷2，第24页）③。不过只有当我们能够透过时间性的意义来观审"存在之意义"问题时，"时间性"才显示为这种"意义"。时间性是最初与最终的"存在领会的视域"，它因而是"此在"的"意义"。对

---

① 参看海德格尔：《存在与时间》（中文修订第二版），第253页，译文略异，原译文中"多样性"（Vielfältigkeit）一词的斜体未经标示。——译注
② 参看海德格尔：《存在与时间》（中文修订第二版），第328页。——译注
③ 参看海德格尔：《存在与时间》（中文修订第二版），第25页。——译注

"此在"的日常状态的直接分析工作因此有一个间接目标，也就是将时间视为"存在的视域"（全集卷2，第577页）[1]。在这一前后联系中《存在与时间》抵达了它真正的目标，即阐明"存在之意义"。

制定"此在分析论"的方向所依循的是海德格尔早先将其命名为"生活的实际性"的现象。因此易于理解的是，这一分析并不期望达到一种日常性的普遍主体，因为以"实际的方式"所经历的一切都是一种特殊之物或者个体之物。因此海德格尔并不追问日常"此在"是"什么"，而是追问"此在在日常状态中所是者为谁"（全集卷2，第152页）[2]。这种分析活动的从"什么"（Was）到"谁"（Wer）的问题的转移完全不是什么边缘现象。我们不可能详细地探讨这种转移在哪些范围内有效，不过我们可以指出日常生活的下面这种情形：

> 比如说，当我们在自己的交往范围内碰到一个陌生人，我们如何向他提问？我们不是以不确定的方式问他是什么，而是问，他是谁。我们对于别人的询问和经验并不发生在一个如此（So）或者什么（Was）的领域内，而是发生在他或他（Der und Der），她或她（Die und Die），发生在我们（Wir）的领域内。（全集卷38，第34页）

日常的"此在"并非一个种类中的样本，一个普遍者中的个体，而

---

[1] 参看海德格尔：《存在与时间》（中文修订第二版），第590页，中译本译为"存在的视野"。——译注
[2] 参看海德格尔：《存在与时间》（中文修订第二版），第162页，原译文中"谁"（wer）一词的斜体未经标示。——译注

是某个特殊者与独一无二者。当然，稍后还需要更准确地追问，是否"此在"必定始终归属于某个"我们"，亦即归属于某个共同体。

追问日常"此在"是谁，这已经以某种不言而喻但却颇为重要的东西为前提。我们已经指出过，"此在"是作为一种"结构整体"而得到考察的。然而"此在"并不仅仅是在"向死存在"中获得这种"整体性"。个体的"此在"必须首先有所开始。"此在"的开始正如它的"终结"一样对于"此在"而言是隐匿的。"此在"来到"世界"中就如同是被"抛入冷冰冰的水里"的。海德格尔将那样一种特征称为"被抛状态"（Geworfenheit），即"此在"自身无法意愿或者控制这一开始。不过它不仅仅"被抛"。除了对自己的开始亦即"被抛状态"的隐匿性的无可回避的承认，"此在"还拥有"筹划"（Entwurf）的可能性。如果说"此在"无从支配自己的开始，它却能够对随这一开始而来的东西进行筹划，亦即对其进行一定程度的形态塑造。然而，同样重要的是认识到，对海德格尔而言"筹划"永远不可能彻底地摆脱"被抛状态"。"此在"无法随意地成为它想要成为的什么或者谁。它的生存因而显现为一种"被抛的筹划"。

"被抛存在"（Geworfensein）的一个环节是，"此在"原初地，亦即"总是已经"与他人共处。然而不能将这种原初性理解为，"此在"是一个本源，共处同在（Miteinandersein）能够从中合逻辑地推导而出。"此在"与共处同在这两者业已在本源处一并得到给出。如果要引入谢林思想中已经出现过的一个概念，我们可以说，"此在"和"其他此在"是"同等原初的"（gleichursprünglich）。用海德格尔的话说则是："我们沿着可借以回答谁的问题的现象前进，直追究到那些和在世界之中存在同样原初的此在结构上面。这些结构就是：共同存在（Mitsein）与共同此在（Mitdasein）。"（全集卷2，第152

50

页)①因此,"此在""总是已经"是"共同存在"与"共同此在"。

这种表述标示的并非"此在"的偶然标志。"此在"是"共同存在"与"共同此在",这是"此在"的存在论特征。"此在"与他人一同生活,这一点从一开始就包含在"存在领会"中。"共同此在"是"每一自己的此在"的一种标志。"共同存在"标示出了其他的"此在"。而且,海德格尔并不认为,其他的"此在"可以从自己的"此在"出发得到阐释。我们可以只是附带性地做出如下提示:对海德格尔来说他人并不是一个"自我的复本"(全集卷2,第166页)②。只要"此在"原初地是"共同存在",它就作为"共同此在"而为他人在此。"此在"为他人"操心"。"此在"的一种根本性的"存在方式"乃是"操心"(Sorge)(全集卷2,第162页)③。

在日常状态中,"此在"从事种种维持生计的活动。它应对各种事物,为各种事情"操劳"。这种特征同样必须从结构上归给"此在"。"此在"彻头彻尾地是一种"操劳"(Besorgen)。"操心"是"此在的一般存在",恰恰因为"此在""在其存在中围绕着这种存在本身"打交道,因为"此在"指向"自身"(Selbst)的反身结构。海德格尔强调,这里的"操心"不可被阐释为通常的忧心(Besorgnis)。"此在""并不自个儿在那儿杞人忧天"④,而是"操劳"于日常诸事或者为他人而"操心"。

"操心"最本质的特征是,它极少涉及过去的事件和行动,也并不迫切关乎当前的处境。"操心"具有对将来的导向功能。因为在

---

① 参看海德格尔:《存在与时间》(中文修订第二版),第162页,译文略异。——译注
② 参看海德格尔:《存在与时间》(中文修订第二版),第177页。——译注
③ 参看海德格尔:《存在与时间》(中文修订第二版),第172页。——译注
④ macht sich keine Sorgen,意为不忧心、不担心,这里根据上下文试译为"杞人忧天"。——译注

"操心"中"此在"仿佛越出自己本身面向预示着将要发生之事或者迫近着的可能的威胁。即便没有什么预示着要发生的事或者迫近的威胁,"此在"也越出自身而有所"操心"。因此,"此在"在日常生活中关心自己的各种事务,这一点并不来源于一种总是重新投入的"操心",而是回缚于"此在"的基本特征。"此在"从根本上"在操心状态中"(sorgend)[①]与那种源自"世界"、冲"此在"迎面而来的东西发生联系。海德格尔以他的典型风格描述了这种向着将来的特有的敞开状态:"此在之存在说的是:先行于自身已经在(世界)之中的存在就是寓于(世内照面的存在者)的存在。这一存在满足了操心这个名称的含义……"(全集卷2,第256页)[②]"此在"始终"**先行于**"(vorweg)自身,它总是与还没有在其纯粹在场中实现出来的东西相联系。它通过"先行于"自己本身而"寓于"(bei)那些它必须要去处理的东西上。

这种对自己日常事务的"操劳"以一种特别的方式占据着"此在"。在这个对日常状态进行现象学—解释学清查的地方,海德格尔引入了一个概念,或者更准确地说,一个术语上的区分,一直到今天这种区分仍在引起批判。[③]对此我们首先需要注意这样一件事,海德格尔追问的是在日常生活中"此在"是"谁"。这个问题如今有了一个解答。"此在"日常的"操劳"总是发生在一种特定的"存在方式"中。当我乘坐公共汽车或者不得不步行去上班,当我贷了一

---

① 这里是动名词做副词,表示一种状态。——译注
② 参看海德格尔:《存在与时间》(中文修订第二版),第269页,译文略异,原译文中"操心"(Sorge)一词的斜体未经标示。"先行于自身已经在(世界)之中的存在就是寓于(世内照面的存在者)的存在。"原文为"Sich-vorweg-schon-sein-in-(der-Welt-) als Sein-bei (innerweltlich begegnendem Seienden)"。——译注
③ 这里所称的概念、区分指的是后文所说的"人们"。——译注

笔款子或者买了一条裤子，我正像"人们"（Man）所做的那样做所有这一切。在日常生活里或者说在日常的敞开状态中，我们像"人们"为其各种事物"操劳"一样为自己的各种事物"操劳"。在日常生活中"此在"以"人们"的"存在方式"露面（全集卷2，第168页以下）①。海德格尔将这种"存在方式"与"本真的"（eigentlich）生存可能性相区分。对所有"本真"地与我们相涉的事物，比如爱情和友谊，死亡与出生，我们并不以日常的处理方式去"操劳"它们。"人们"是日常敞开状态中的"中性者"，而"本真的自身存在（Selbstsein）"（全集卷2，第172页）②给予了越出日常状态进行生活的可能。

在《存在与时间》中海德格尔花了许多篇幅来描述"人们"③。他将"人们"称为一种"此在的积极建制"（全集卷2，第172页）④，亦即它必然属于"此在"。对"人们"的分析表现了对20世纪处于新型"大众社会"中的人的日常及其公众状态（Öffentlichkeit）进行描述的尝试。经由"人们"这一"概念"海德格尔直面功能化与中立化现象，我们在日常中已经"实际地"承认了这些现象。"人们"是为了匿名表达而使用的一个描述范畴，脱离了匿名表达，"大众社会"的日常生活就不可想象。"人们"从根本上为一种公众状态的政治或社会理论提供了思考起点。从这个角度而言，海德格尔的分析与里

---

① 参看海德格尔：《存在与时间》（中文修订第二版），第179页。——译注
② 参看海德格尔：《存在与时间》（中文修订第二版），第185页。——译注
③ man在日常德文中可作无人称主语使用，海德格尔将其大写作为一个重要的基本词语加以使用。《存在与时间》中译本译作"常人"，过于概念化，且已经表现出某种价值评判，不合海德格尔将之作为一个中性范畴使用的本意，也脱离了man在日常德文中的含义，因而借鉴张祥龙先生的译法译作"人们"。参看张祥龙：《海德格尔思想与中国天道》，生活·读书·新知三联书店，1996年，第103、104页。——译注
④ 参看海德格尔：《存在与时间》（中文修订第二版），第183页。——译注

尔克在《马尔特手记》(*Malte Laurids Brigge*) 中的描写或者后来阿多诺针对"文化工业"所发表的意见并没有特别大的差异。

然而,如同面对海德格尔的保罗阐释时那样,作为读者同样不能在对"人们"的分析中表现得太过天真。海德格尔业已在1916年给他的妻子埃尔福丽德(Elfride)的信中提到"我们的文化和大学的犹太化"①。这是一种时代的反犹的刻板印象,这种刻板印象把大城市的生活与犹太文化联系在一起。对于耕作"家乡的土地",犹太人并无兴趣,他们过着迁移的租房生活,组织大众媒体,跟随资本的流动,献身于艺术与科学方面的现代发明。"人们"是否恰恰是对"犹太化"的一种描述?这种怀疑容易产生。但它能够得到证实吗?

"人们"是操劳于日常事务的"此在"。在这个层次上展现出一种对日常状态进行描述的可能性。"此在"有"消散"于日常生活中的倾向。日常的涣散状态是人们想要的生活可能性。"此在"乐意涣散、迷失于"人们"之中。海德格尔写道:"消散在人们中,消散在所操劳的'世界'中,这样的消散公开出:此在在逃避自身,逃避能够本真地成为自身这回事(Selbstsein-können)。"(全集卷2,第245页)② "此在"寻找种种可能,自己躲避自己。其中一种可能即躲避到工作与消遣的世界中。海德格尔将这种躲避称为"沉沦"(Verfallen)。"此在""首先总是已经脱离了(abgefallen)"自身并在世界中"沉沦"。这种操劳于各种事务时的涣散倾向仿佛某种来自日常事物方面的自然而然的诱惑(沉沦态 [Verfallenheit])。

---

① 《海德格尔与妻书》(*"Mein liebes Seelchen!" Briefe Martin Heideggers an seine Frau Elfride 1915-1970*),葛尔特鲁特·海德格尔(Gertrud Heidegger)编,德国出版社(DVA):慕尼黑,2005年,第51页。(中译参看海德格尔:《海德格尔与妻书》,常晅、祁沁雯译,南京大学出版社,2016年,第45页。——译注)
② 参看海德格尔:《存在与时间》(中文修订第二版),第258页。——译注

"此在"逃避自身。这种"逃避"（Flucht）有一个原因，即当"此在"遭遇自己时，一种特定的"现身情态"（Befindlichkeit）就出现了。这种"现身情态"即"畏"（Angst）（全集卷2，第247页）①。

　　海德格尔甚至将其视为"此在"的一种"基本现身情态"。他将这种"基本现身情态"与"怕"（Furcht）相区别。当我们被"世内存在者"——比如说一条咬人的狗——威胁时，"怕"就出现了。反之，"畏之所畏"不是"世内存在者"。

　　要理解"怕"与"畏"之间的这种区别，有必要设想一幅典型的"畏"的情景。当我们害怕狗时，有威胁的东西直接就在我们面前。它能够得到位置确定。在"畏"中并不存在这样一种对我自身和有威胁的东西的位置确定。好的恐怖电影恰恰表现了这种经验。比如在《女巫布莱尔》（1999年）中，那引发我们的"畏"的东西几乎并不显现。而真正的"畏"甚至连这一点也几乎不存在。我对自己身体的衰败有所"畏"，即便这种衰败尚未露面。想到它便足矣。因此"畏"并不取决于一个确定的存在者的在场。依海德格尔之见这是"畏"的一个重要特征："威胁一无所在（nirgends），这构成了畏之所畏的特性。"（全集卷2，第248页）②"畏之所畏"不可能得到位置确定。这种不可能性构成了现象的"积极"内容。无法得到位置确定是"畏"所包含的一个方面：

　　　　因此威胁也不能从近旁的某一确定方向抵临，它已然在"此"——但又一无所在，它如此之近，以至于紧逼得让人无法呼吸——但又一无所在。（全集卷2，第248页）③

---

① 参看海德格尔：《存在与时间》（中文修订第二版），第260页。——译注
② 参看海德格尔：《存在与时间》（中文修订第二版），第261页。——译注
③ 参看海德格尔：《存在与时间》（中文修订第二版），第261页。——译注

"紧逼着"（beengt）的东西构成了"畏"。"畏"与"逼仄"（Enge）在词源上共属一体。

"此在"所畏的东西"一无所在"，这指明了它的存在论状态。我们"畏之所畏"不是任何物、任何事。海德格尔用了一句俗语来说明这一点："当畏平息下来，日常话语往往就说：'本来也没什么。'（es war eigentlich nichts）"（全集卷2，第248页）①我们"畏之所畏"根本"没什么"（nichts）。②这个"无"（Nichts）是什么？它不是任何对象，不是"存在者"。然而它是某物。这种非对象性的某物（"无"）以不可见的方式无所不在。在海德格尔看来，它就是"世界"：

> 在畏之所畏中，"它是无且一无所在"公开出来。世内的无和一无所在的顽梗在现象上等于说：畏之所畏就是如是之世界。（全集卷2，第248页）③

"无与一无所在"，"畏"之牵涉所在，就是"如是之世界"。因为所有可能为我们提供依托的东西都在"无"之中消散了，"如是之世界"便涌迫着显现出来。

所以"畏"比"怕"抵达更深邃之处。在"怕"之中"此在"与"存在者"相关联。在"畏"之中实际上涉及的是"无"。而当"此在"与"无"相关联时，当它所"畏"的乃是"无"时，"如是

---

① 参看海德格尔：《存在与时间》（中文修订第二版），第261页。——译注
② 此句原文为Das, wovor wir "Angst" haben, ist eigentlich "nichts"。"nichts"在日常德语中表示没什么，什么也不是，相当于英文的nothing，而在海德格尔思想中作为一个概念即表示"无"。——译注
③ 参看海德格尔：《存在与时间》（中文修订第二版），第261页。此处没有采纳通行中译本的译法将nirgends译作"无何有之乡"，nirgends也是德语中一个日常词汇，作副词用，表示"不在任何地方"，为了与其副词含义保持一致，译作"一无所在"。——译注

之世界"，或者借用彼得·汉德克（Peter Handke）一本书的标题，"世界的重量"①恰恰显露出来。关键之处在于，"世界"不能复又被视为是一种与"此在"相区别的"存在者"："因而，如果无，也就是说，如果如是之世界，把自己提供出来作为畏之所畏者，那么这就等于说：畏之所畏者就是在世界之中存在（In-der-Welt-Sein）本身。"（全集卷2，第249页）②"在世界之中存在"即"此在"。"畏"意味着必须在此（da）。这个处于"操心"中的"此在"始终牵涉着自己本身。因此情况表明，"此在""畏"于自己本身。"人们"让自己涣散于各式各样的消遣中，亦即在自己本身面前逃离，因为"人们"畏惧于必须自己担负、承受起"世界的重量"。

就此而言，"畏"不仅有其"所对"（Wovor），还有其"所为"（Worum）。两者是同一的。如果"人们"在"世界的重量"面前逃离，那他就"畏"于丧失"世界"或者他的"在-世界-之中-存在"：

> 所以畏剥夺了此在沉沦着从"世界"以及从公众解释方面来领会自身的可能性。畏把此在抛回此在所为而畏者处去，即抛回此在的本真的能在世界之中存在那儿去。（全集卷2，第249页）③

"此在"的"畏"之"所对"和"所为"同时是"能-在-世界-之中-存在"（In-der-Welt-sein-können）。在这种双重性中包含着真正的威胁的结构。在生活之畏中面临的威胁同时是有威胁的东西以及对有威

---
① 彼得·汉德克：《世界的重量——一段旅程（1975年12月至1977年3月）》（*Das Gewicht der Welt. Ein Journal [November 1975–März 1977]*），主教宫出版社（Residenz Verlag）：萨尔茨堡，1997年。
② 参看海德格尔：《存在与时间》（中文修订第二版），第262页。——译注
③ 参看海德格尔：《存在与时间》（中文修订第二版），第262页。——译注

胁的东西的丧失。恰恰在对"畏"的分析中海德格尔的《存在与时间》能够架设通向雅克·拉康的精神分析的桥梁,尽管海德格尔在对"畏"的分析中诉诸的是克尔凯郭尔。①

在"畏"之中,我在什么意义上同时为我的生活可能性又对我的生活可能性有所畏惧变得明白了。因此"畏"并不仅仅有时触及我的"此在"。在"畏"中"此在"活跃于"整体性"之中。根本上存在着一种"此在"的"整体性"且这种"整体性"是一种脆弱的属性,这一点显示在"畏"的"基本现身情态"中。因为此在对之有所畏的"无",证明自己就是"此在之实存的可能的不可能性"(全集卷2,第352页)②。"畏"让"此在"毫无疑问地认识到,"此在"终有一日将"完结"(ganz)并随之消逝。它表明,"此在"乃是"向死存在"(Sein zum Tode)。

人,如海德格尔后来所说,是"终有一死者"(Sterbliche)(全集卷79,第17页)。凭借这条规定海德格尔延续了一种古老的思想。古希腊悲剧家埃斯库罗斯、索福克勒斯和欧里庇得斯就这样将人称作终有一死者(tò thnetón, hò brotós),属人的与终有一死的在语义上等同。与不朽者即诸神不同,人乃是终有一死者。对古希腊哲学极有影响的德尔斐神谕同样见证了这一规定。以德尔斐为起点,那句著名的箴言"认识你自己"(gnothi sautón)进入了欧洲精神史。在有关神谕的神话中,这句箴言被归于阿波罗神。向德尔斐求神谕的人应该认识到自己作为终有一死者有别于阿波罗神。"此在"是有限的。他的所有思想和行动都必须相应于这种有限性。如果他忘记了

---

① 雅克·拉康:《畏:讨论班第十卷》(Die Angst. Das Seminar, Buch X),图里亚与康特出版社(Turia+Kant):维也纳,2011年。
② 参看海德格尔:《存在与时间》(中文修订第二版),第367页,中译本误为"不可能的可能性"。——译注

这种有限性,他将会——比如在悲剧英雄的狂肆之中——受到诸神的提醒。对有限性的认识因而乃是一种自我认识。《存在与时间》中的分析同样指明了这种联系。

"此在"以不同的方式对待其"每每自己的""向死存在"。"人们",那种涣散于日常状态之中的"此在"的"存在方式",躲避"向死存在"。当我们遭遇到我们将死之"确定无疑"(Gewißheit)(全集卷2,第339、340页)[1]时,"畏"就凸现出来,而"人们"逃避"畏"。相反,"本真的此在"遭遇到其本己的"向死存在"。他践行"为死亡故而先行着成为自由的(Freiwerden)"以及"先行向死"(Vorlaufen zum Tod)(全集卷2,第350页)[2]。因为这种"先行向死"将"非本真的此在"从一种日常的自我蒙蔽中解脱出来进入"本真的此在",所以海德格尔也会将"先行向死"描述为"先行的决心(Entschlossenheit)"(全集卷2,第404、405页)[3]。"本真的此在""坚-决地"(ent-schlossen)[4]亦即在其敞开性中发现自己必然受限于其有限性或者终有一死。倘若"此在"没有受限于"向死存在",他就不会是一种对自己本身有所作为的敞开性了。

"向死存在"是一种"朝向终结的存在"。海德格尔并不追问,在终结之后是否还有"什么"(全集卷2,第327页以下)[5]。由此,海德格尔站到了一个哲学传统的对立面,这个传统对抗着死亡而始终坚持灵魂的不朽。无论是柏拉图,在苏格拉底的临终对话《斐多》

---

[1] 参看海德格尔:《存在与时间》(中文修订第二版),第354页。——译注
[2] 参看海德格尔:《存在与时间》(中文修订第二版),第364页。——译注
[3] 参看海德格尔:《存在与时间》(中文修订第二版),第420页。——译注
[4] 这个词拆开以后的字面意思是反对、祛除锁闭,后文有时也取《存在与时间》中译本译法译为"下了决心的"。——译注
[5] 参看海德格尔:《存在与时间》(中文修订第二版),第341页以下。——译注

中，表明一种对灵魂超越身体后的另一种存在的期望，还是亚里士多德，直接将哲学形容为一种对不朽的分有；或者康德，将灵魂不朽确立为理性的一个中心问题，还有黑格尔，以辩证法的方式谈论"死亡之死亡"（Tod des Todes）——形而上学的哲学并不将死亡理解为人的一个绝对界限。然而依海德格尔之见，"此在"之"本真性"正在于既不要制造跨越这一界限的幻象，也不要用大量理论拒斥这个界限。"本真的此在"于"先行向死"中经验其界限以及源自这一界限的时间的尺度。

海德格尔关于"此在"作为"向死存在"的解释给一代代《存在与时间》的读者留下非常深刻的印象，同时也遭到相当多批判。

尚在《存在与时间》出版的那一年，马克斯·舍勒就在断断续续的札记中评论到："向世界–内在（Welt-immanenten）的第一次转向毕竟是爱欲（Eros），而不是对自己的厌恶、畏和逃离。"另外一次他写道："向我们开启世界的是'爱'不是畏。"①这一批判瞄准的是"此在分析论"中一个明确的倾向，即"此在"太过于个体化，太强烈地从与他人的关系中孤立出来。"爱欲"或者说"爱"，不仅仅是朝向他人，更是朝向世界之一般的"第一次转向"。

几十年后，海德格尔曾经的一个学生接续了这一批判。伊曼纽尔·列维纳斯强调，"向来是我自己的"死亡不是关乎我的"第一次死亡"。他写道：

> 某个通过他的裸露——他的脸——表露自己的人，是那以此呼引我的人，是那寄望于我的责任的人：从此刻起我对他负

---

① 马克斯·舍勒：《晚期文集》（Späte schriften），曼弗雷德·弗林斯（Manfred S. Frings）编，弗兰克出版社（Francke Verlag）：波恩与慕尼黑，1976年，第294页。

有责任。所有他人的姿势都曾是指引我的信号。……那正在死去的他人，他的死亡在我与作为有责任之我间的同一性本身中关乎我——一种既不是实体的，也不是由不同的、可辨认的行为的单纯关联构成的同一性，而是从不可言说的责任中生出的同一性。我因他人的死亡而痛苦正造成了我与他的死亡的联系。在我与他发生联系时，在我向某个不再回应的人鞠躬时，这种好意（Affektion）便已然是欠罪（Schuld）——幸存者的欠罪。①

列维纳斯抗议的正是海德格尔将死亡（Tod）和死去（Sterben）归至"向来我属的（jemeinig）此在"的中心化做法。死亡的逼迫不是通过我将死去这一事实，而是通过他人将死去。只要我们"总是已经"回应（antworten）着他人，就有一种"无法道出的责任（Verantwortung）"，这一责任在死亡面前也不会中断。在这个意义上我仿佛对他人的死亡也还负有责任。当我承认这一责任之际，我就是为他人而在此的。

借助列维纳斯这一全然有别的死亡现象学，针对海德格尔"向死存在"分析，一种崭新的、批判性的眼光成为可能。在海德格尔的"此在分析论"中他人的死亡是否被忽视了？我们已经看到，海德格尔在什么意义上不单单将"此在"描述为"向死存在"，同时也描述为"共在"。与之相应的一种"操心"方式即"操持"（Fürsorge）。这种方式被界定为"率先而出-使之自由的

---

① 伊曼纽尔·列维纳斯：《上帝，死亡与时间》（Gott, der Tod und die Zeit），彼得·恩格尔曼（Peter Engelmann）编，帕萨根出版社：维也纳，1996年，第22页。（中译参看勒维纳斯：《上帝·死亡和时间》，余中先译，生活·读书·新知三联书店，1997年。——译注）

（vorspringend-befreiend）的操持"（全集卷2，第163页）[1]。这种"本真的操心"并不把"共同此在"的忧虑包揽过去，而是"有助于他人在他的操心中把自己看透并使他自己为操心而自由"[2]。事关宏旨的不是将他人朝向其死亡的视野封闭起来。"本真的操心"应该不给他人留下这样的可能性：在日常事务中避开他的死亡，使自己无视于其死亡。就此而言海德格尔在如下观点上不同于列维纳斯，即"第一次死亡"是"向来我属的"："任谁也不能从他人那里取走他的死。……每个此在必须各自接受自己的死。只要死亡'存在'（ist），它依其本质每每就是我自己的死亡。"（全集卷2，第319页）[3]对海德格尔而言我本己的死亡是"第一次死亡"，确实，仿佛可以认为，对本己的死亡的认识才使得那样一种情况得以可能，即根本上获得一种对死亡连同他人的死亡的知悉。然而列维纳斯的看法是合理的，对死亡的见解纯然是有关他人之意义的指示器。我对他人的"操心"源自这样一种畏惧，即他会从我这里被夺走。

没有其他人像海德格尔本人那样限定了《存在与时间》在哲学上的范围。这本书的主要问题以"存在之意义"为指向。而"存在之意义"与"时间的视域"结合在一起。这部著作的最后一句话乃是："时间本身是否公开自己即为存在的视域？"（全集卷2，第577页）[4]这个问题给出一个暗示，"此在分析论"以时间的意义为界限。如果时间是回答"存在之意义"问题的开端，时间不就必然是通往"存在"的直接途径？思想不就必然从时间或从"存在自身"处开

---

[1] 原作引文为vorausspringend-befreiende Fürsorge，为vorspringend-befreiende Fürsorge之误。参看Heidegger, GA2, Frankfurt am Main, 1977, S. 164.——译注
[2] 参看海德格尔：《存在与时间》（中文修订第二版），第174页。——译注
[3] 参看海德格尔：《存在与时间》（中文修订第二版），第333页，译文略异。——译注
[4] 参看海德格尔：《存在与时间》（中文修订第二版），第590页。——译注

始，以便把握"存在"与"时间"的"意义"吗？为何"此在"在对"存在之意义"的追问中必须占据如此大的篇幅？为了思考"存在自身"而忽略"存在"与"此在"的关系——海德格尔在《存在与时间》之后的思考中时不时加以尝试的一种成问题的做法——这当然是成问题的。这种关系本身并不能被摧毁。然而《存在与时间》的尾声显示出了这种关系中的重心转移。海德格尔本人后来将这一重心转移或者翻转称作"回转"（Kehre）。他在《存在与时间》之后的思想始终维系于"此在"与"存在"之间的关系。但是这一关系不再被理解为"此在分析论"，而是一种"存在之思"。

在这一"存在之思"中，海德格尔甚至把追问"存在之意义"的"存在问题"（Seinsfrage）称为"我思想中的歧路"[①]（全集卷73.2，第1275页）。"经由作为在场的存在"，一种"从'时间'出发思考存在"的"迷惑"产生了。但是，把"存在问题"称为一条"歧路"并不意味着反对"存在问题"。这个想法强调了我们业已提及的海德格尔思想的"道路特征"。这个想法包含着极富启发的洞见，不过仍需要被打上一个问号。

"存在论差异"

我们已经提及了海德格尔思想中三个最重要的基本概念。海德格尔的思想围绕着"存在""存在者"以及——作为一种"别具一格的存在者"的——"此在"这些概念。尽管它们是三个概念，却显然构成了一个统一体，同时却也显示出区别。"存在"不是"存

[①] 原文为 Holzweg，字面意思是森林中的道路，在日常德语中指森林中忽然断绝的路，因此有歧路的意思。海德格尔的著名著作《林中路》即取这一意象。——译注

在者"。海德格尔将这种区别首先称为"存在论差异"（ontologische Differenz）。它构成了海德格尔哲学真正的基本结构。即便海德格尔日后也对它——就像"存在之意义"问题那样——进行了重要批判。在对这一基本结构的阐明中，对海德格尔思想的导论抵达了它的界限。它属于海德格尔思想所探讨的最困难的事物。理解它需要时间。谁若在一开始并未成功理解，不应因此沮丧：哲学只会托付给那样的人，他反复地致力于对这种哲学的理解——这不单单适用于海德格尔。

海德格尔在马堡的讲授课"现象学之基本问题""哲学导论"以及他的论文《论根据的本质》传达了他关于"存在论差异"，即"存在"与"存在者"之区分的最初辨析。在1927年的马堡讲授课上有这样的话：

> 存在一般与存在者之区别的问题并非毫无理由地处于首位。因为对这一区别的探究会首先明确地并且方法上可靠地使得如下做法成为可能，即将不同于存在者的存在视为主题并加以研究。存在论，亦即作为科学的哲学的可能性依赖于足够清晰地贯彻这种存在与存在者之区别的可能性，以及随后实行一种跨越——从对存在者加以存在者层次（ontisch）的考察向在存在论层次上（ontologisch）以存在为主题的讨论的跨越——的可能性。（全集卷24，第322页）[①]

---

① 《现象学之基本问题》的引文由译者自己译出，待已全部译出后，丁耘先生翻译的中译本出版。译者不惮简陋保留了自己的翻译，聊以丰富翻译的可能性。读者另可参看丁耘译本（海德格尔：《现象学之基本问题》[修订译本]，丁耘译，商务印书馆，2018年）。此处参看第329页。以下均注明中译本的相应页码，以便读者查对。——译注

"存在之意义"这个提法强调的是谈论某种绝非"存在者"的"存在"的可能性。当海德格尔追问这种"意义"之际，他想要讨论的是"存在自身"。然而在《存在与时间》中海德格尔曾断言，为了能够回答这一问题，必须从对一种"典范性的存在者"的分析开始。但若那样，从对"存在者"的分析到真正地"在存在论层次上以存在为主题的讨论"的"跨越"怎么发生呢？对于海德格尔来说，作为"存在论"的哲学不是单单关于"存在者"的"科学"，而是处于其与"存在"的关联中的"存在者"的科学。从"存在者研究"（Ontik）朝向"存在论"的"跨越"与海德格尔一再进行主题化探讨的这种关联、这种关系联系在一起。

按照《存在与时间》在方法上的设定，"在存在论层次上以存在为主题的讨论"以探究一种特定的"存在者"亦即"此在"为起始。《存在与时间》所强调的此在的"存在方式"扎根于"时间性"（Zeitlichkeit）之中。因此，辨析"存在论差异"问题的第一步在于对"此在"特别的"存在方式"，即"时间性"或者说"时间状态"（Temporalität）（全集卷24，第20节）进行考察。

对海德格尔而言，在阐明关系到"此在"的"时间性"时显示出这样一种必要性，即探究"认识存在者以及领会存在的基本条件"（全集卷24，第402页）[①]。在进行这番探究时他引用了柏拉图在《理想国》第六卷中的日喻说。日喻说表明了"从对存在者加以存在者层次的考察向在存在论层次上以存在为主题的讨论的跨越"在柏拉图哲学的一个基本思想中有所回响，即善（das Gute）还要超越存在自身，也就是说处于"存在之彼岸"。所以海德格尔可以说："我们所

---

① 参看海德格尔：《现象学之基本问题》（修订译本），第420页。——译注

寻找的是 *epékeina tês ousías*[①]。"（全集卷24，第404页）[②]回到柏拉图的这一思想对阐明"存在论差异"而言甚为重要。新康德主义者保罗·那托普在其影响深远的著作《柏拉图的理念学说》中将"存在者之彼岸"领域的思想与康德意义上的"先验之物的概念"[③]联结起来。这在海德格尔关于"存在论差异"的思考中留下了痕迹。马堡（这一新康德主义的故乡）时期的海德格尔相信，通过对柏拉图和康德的辨析能够完成对作为"存在论"的哲学的奠基，这并非偶然。但是这一辨析所产生的结果与新康德主义者所设想的东西存在很大区别。[④]

使得"此在"不仅仅理解"存在者"而且理解并非存在者的"存在自身"成为可能的"基本条件"乃是有一个超越"存在者"，并首先在"存在者之彼岸"敞开自身的领域。海德格尔将这样一种领域称为"世界"。在马堡时期的另一门讲授课"哲学导论"上，他解释了"存在问题"在什么意义上与世界问题紧密联系在一起（全集卷27，第394页）。如同"此在""总是已经"处于"一种存在之领会中"，"此在"也总是具有"对世界、对意蕴的一种先行领会"（全集卷24，第420、421页）[⑤]。"此在"游弋于一个超逾了"存在者"的游戏空间，这一理解本身是"超越（Transzendenz）的真正的存在论意义"（全集卷24，第425页）[⑥]。这意味着，"在世界之中存在"的

[①] 古希腊文，在存在另一边，超越存在。——译注
[②] 参看海德格尔：《现象学之基本问题》（修订译本），第423页。——译注
[③] 保罗·那托普：《柏拉图的理念学说：理念论导论》（*Platons Ideenlehre. Eine Einführung in den Idealismus*），费利克斯·迈纳出版社（Felix Meiner Velag）：汉堡，1994年，第463页。
[④] 参看《海德格尔与新康德主义（新康德主义研究与材料汇编）》（"Heidegger und Neukantianismus [Studien und Materialien zum Neukantianismus]"），克劳迪乌斯·施特鲁贝（Claudius Strube）编，科尼格绍森与纽曼出版社（Königshausen & Neumann）：维尔茨堡，2008年。
[⑤] 参看海德格尔：《现象学之基本问题》（修订译本），第439页。——译注
[⑥] 参看海德格尔：《现象学之基本问题》（修订译本），第444页。——译注

"此在"能够超出自身,"超逾"(Übersteigen)(全集卷9,第137页)[1]仅仅现成之物和上手之物。

柏拉图哲学还有一个重要环节显示出与"存在论差异"思想的一种结构性类比。最先在对话录《斐多》中成为主题的概念 *chorismós*[2](斯特方本编码67d),表明了灵魂与身体的分离和区别,这一概念使得断言非肉身性的灵魂的不朽成为可能(这种非肉身性的灵魂与一种显然会朽坏的身体具有关系)。"存在论差异"这一概念仿佛是柏拉图式存在论中的这一基本差异的一个回音。*chorismós*,或者用另外一种方式说 *epékeina tês ousías*,是"超越"的一个条件。通过它们一个空间自行敞开,此在能够"超逾"现成"存在者",将其抛诸身后,进入这个空间。[3]

对于如此这般被思考为"超越"的东西,海德格尔意图同时从康德出发又一反康德对"先验之物"(Transzendentale)的规定。康德在"先验之物"的概念中"认识到的正是一般存在论的内在可能性问题",不过康德所采用的"先验之物"概念"根本上的""批判性"含义阻止了他"以一种对超越之本质的更彻底和更普遍的把握"来为"存在论以及形而上学之观念的更为原初的制订"(全集卷9,第140页)[4]奠定基础。在此没有可能也没有论题方面的必要进一步阐

---

[1] 参看海德格尔:《路标》,孙周兴译,商务印书馆,2001年,第159页。——译注
[2] 古希腊文,分开,分离。——译注
[3] 不仅仅在这一处出现了将海德格尔的思想与普罗提诺联系起来的可能性。为何海德格尔忽视了普罗提诺,他原本可以在他那里发现自己思想的诸多动机?参看维尔纳·拜尔瓦尔特斯(Werner Beierwaltes):《真实的自身:普罗提诺精神与一的概念研究》(*Das wahre Selbst. Studien zu Plotins Begriff des Geistes und des Einen*),维托里奥·克罗斯特曼出版社:美茵法兰克福,2001年,第120页以下。
[4] 参看海德格尔:《路标》,第162页,译文略异。全集卷9,第140页的原文为"eine ursprünglichere Ausarbeitung der Idee der Ontologie und damit der Metaphysik"(一种对存在论以及形而上学之观念的更为原初的制订),而本书引文为"eine ursprünglichere Ausarbeitung der Ontologie und damit der Metaphysik"(一种对存在论以及形而上学的更为原初的制订),遗漏了原文中的Idee(观念)一词。——译注

明海德格尔如何解读康德。要明确的仅仅是，在"存在论差异"的含义第一次得到解释时，柏拉图和康德是海德格尔最经常探讨的两位思想家。

"存在论差异"的第一个规定，它在阐释过程中发生的所有进一步变化的出发点已然明确。海德格尔在《论根据的本质》一文中颇具指引意义地写道："存在论差异的这一根据，我们……称之为此在的超越。"（全集卷9，第135页）①"存在"与"存在者"的区别敞开了"存在之彼岸"的领域，即"世界"或者"此在的超越"的维度。

海德格尔对"存在论差异"的澄清在当代具有一种认识论的功能。他如此感兴趣于为作为一种"关于存在的绝对科学"（全集卷24，第15页）②或者一种"普泛的存在论"（universalen Ontologie）（全集卷24，第16页）③的哲学奠基。这一"绝对科学"即"先验的科学"（全集卷24，第460页），因为它的对象是"世界"或者说作为"此在"之敞开状态的"存在"，即超越。而这种科学的方法应该是"现象学"（全集卷24，第27页以下）。

将"现象学"规定为"普泛的存在论"，规定为"先验的科学"，对于20世纪20年代末期的海德格尔来说处于从《存在与时间》出发的哲学方向上。将哲学规定为"普泛的存在论"这一做法针对的是"世界观哲学"（Weltanschauungsphilosophie）概念，这一概念在海德格尔看来乃是"木质的铁块"（全集卷24，第16页）（这一名称是个矛盾，它集合了相互排斥的含义）。这一段时期海德格尔探讨了以康德作为来源之一的"世界观"概念（参看全集卷9，第155页）。

---

① 参看海德格尔:《路标》，第156页。——译注
② 参看海德格尔:《现象学之基本问题》（修订译本），第14页。——译注
③ 参看海德格尔:《现象学之基本问题》（修订译本），第15页。——译注

哲学成为一种"世界观"的可能性得到了拒斥，虽然这样一种"世界观""必然"属于"此在"。与比如说胡塞尔凭借"先验现象学"为一切科学奠基的做法并无不同，海德格尔提出的要求是凭借"普泛的存在论"为一切科学奠基（全集卷2，第14页）。海德格尔思想中的这个地方如此明确地呈现出一种科学性的哲学的规划，而需要同样明确地加以认识的是使得这个规划陷入危机中的那些问题。至少有两个问题在此得到了提及与澄清：一个涉及"存在"的"普泛性"特征。"普泛"（Universalen）的概念未经规定，因为海德格尔触及了"存在"的一种特点，这种特点令"普泛性"变得可疑。另一个问题联系着下一章准备探讨的"此在"的"历史性"。

创立一种"普泛的存在论"是成问题的，因为"存在"如何存在的方式具有"隐匿"（Entzug）或者"遮蔽"（Verbergung）的特性。1923年海德格尔已经注意到：

> 以自我-隐藏（Sich-verdecken）和自我-遮掩（Sich-verschleiern）的方式去存在属于作为哲学之对象的存在的存在特性（Seinscharakter des Seins），并且这种存在方式绝非无关紧要，而是依据存在的存在特性，这一点一旦突显出来，就得真正严肃地对待现象范畴了。（全集卷63，第76页）①

海德格尔强调，"现象范畴"，即自在的显现，在一种"自我-隐藏"，一种不显现（Nichterscheinen）发生的地方才变成一个哲学问题。这个思想看上去是一个悖论。海德格尔再次回到了《存在与时间》，在那里他写道，现象是某种"首先与通常恰恰不显示自身的东西，同

---

① 参看海德格尔：《存在论（实际性的解释学）》（修订译本），第92页，译文不同。——译注

首先与通常显示自身的东西相对，是某种遮蔽着的（verborgen）东西"（全集卷2，第47页）[1]。将显现中的这种"遮蔽"（Verbergung），这种"自我－遮掩"，作为现象进行观视是现象学的根本任务。因此，"普泛的存在论"的对象是一种非－对象（Nicht-Gegenstand），一种非－现象（Nicht-Phänomen）。

在业已提及的"对西方哲学的……解析"中海德格尔认识到，自柏拉图、亚里士多德以降的形而上学的思想将"存在"等同于"在场状态"（全集卷19，第466页）。然而这一思想的后果并未立刻得到认识。在海德格尔看来，"存在的存在特征"在于"自我－隐藏"。而"自我－隐藏"绝不能被理解为"在场状态"。相反，"存在"的隐藏指向一种基本层面的"不在场"（Abwesenheit），指向一种"隐匿"。"存在自身"不再能够被思考为一种自身稳定的固定之物。是否"西方哲学"始终将"存在"理解为"存在者"？这种哲学的"普泛"特征的前提难道不是其基本观念的一种稳定的"在场状态"？海德格尔意识到，他必须与这种哲学传统告别。与此同时，能够创立一种"普泛的存在论"的想法也随之废除了。

《存在与时间》最后的段落已经触及一种观点，这个观点激发了"此在之超越"的"存在论差异"这一基本的思想调整。在那里海德格尔谈到"演历的动变（Bewegtheit）的存在论之谜"（全集卷2，第514页）[2]，谈到"历史"的"存在论之谜"。历史之"动变"的神秘促

---

[1] 参看海德格尔：《存在与时间》（中文修订第二版），第50页，中译本对verborgen的译法为"隐藏不露"，该词的斜体未经标示。——译注

[2] 参看海德格尔：《存在与时间》（中文修订第二版），第527页。bewegt是动词bewegen（使运动，推动）的过去分词，字面上是被推动之意。在亚里士多德那里达到成熟形态的西方形而上学最终要考察一个第一推动者，即所有运动、所有存在者的第一因，亚里士多德称之为神。而海德格尔强调存在和历史自在的、无主动被动之分的发生性，并以此为着眼点试图克服形而上学。Bewegtheit在此便指称存在和历史的这种自在的发生状态。——译注

使海德格尔一再思考将"存在论"建立在柏拉图—亚里士多德的哲学理解的基础上的做法。在这里他产生了如下怀疑，即这一哲学理解能否与他思想的真正意图相契合。这个怀疑促使他产生出一种思想，这种思想将欧洲的哲学理解视为需要得到克服的有关第一根据的科学，即"形而上学"。由"形而上学之克服"这一论题域出发，"存在论差异"的显著变化将得到阐明。处于感性之物与超感性之物的区分中的"形而上学"似乎经由"存在论差异"而得到建基，与此同时对"存在论差异"无所认识（全集卷7，第71页）。此间，上述事实的特殊意义恰又造成如下情况，需要得到思考的"形而上学之克服"规定了还有待解释的"对存在论差异的克服"还是相反，这仍旧悬而未决。

"形而上学之克服"尝试将西方思想的整个历史引领向一条崭新的、不同的路途。将这种尝试付诸语言的突出证明即《哲学论稿》。这份文本属于一批著作系列，这批著作被称为"存在历史的作品"。《哲学论稿》中以自我批判的方式涉及"存在"与"存在者"的"区分"：

> 自《存在与时间》以来，这样一种区分被把握为"存在论差异"，而且这是有意图的，意在确保存有（Seyn）之真理的问题，使之免受任何混淆。但这种区分立刻被推到作为它的来源的轨道上面了。因为在这里，存在状态（Seiendheit）乃作为 *ousía*、*idéa*[①]而起作用，而且作为后者的结果，对象性被搞成作为对象之可能性条件。（全集卷65，第250页）[②]

---

① 古希腊文，理念。——译注
② 参看海德格尔：《哲学论稿》，第262页。——译注

"存在之意义"成了"存有之真理"(Wahrheit des Seyns)。如今，海德格尔在思考"存在论差异的本源本身，也就是它真正的统一性"（全集卷65，第250页）①的领域，对作为"此在之超越"的"存在论差异"的清理还没有达到这个领域。固执于"存在之存在状态"，固执于"一切存在者所共同的东西"（全集卷65，第425页）②的表象，"存在自身"（如今显现为"存有"）由此被阻断。海德格尔第一次试图澄清"存在论差异"时，一方面以柏拉图关于 *epékeina tês ousías* 的思想为导向，另一方面则以康德的"先验之物"的理论为导向，当他这样做时，他的思想要前往的地方，即"存在论差异"的"本源"——海德格尔现在将其称为"存有之本质现身"(Wesung des Seyns)（全集卷65，第465页）③——对他就隐匿起来了。

柏拉图和康德的思想阻断了"存在论差异"的"本源"或者说"真正的统一"，所以现在海德格尔拒绝它们。在澄清自己的哲学意图时，他切入到更早的、柏拉图—亚里士多德之前的哲学时期。他指出，欧洲哲学的这些奠基者已经在多大程度上患有一种奇特的"遗忘"。欧洲哲学已经不再能够将"存在自身"作为"存在自身"而不是作为"存在状态"，即像 *idéa* 或者 *ousia* 那样的"存在者"的普遍性或者像神性者那样的一种特别的"存在者"来理解。然而在海德格尔看来，这种"遗忘"不能被当作某种健忘症。情况并不是哲学家们"遗忘"了"存在"，而是从自身隐匿着的、遮蔽着的"存有之真理"中产生出来的"存在之被遗忘状态"(Seinsvergessenheit)

---

① 参看海德格尔:《哲学论稿》，第262页。——译注
② 参看海德格尔:《哲学论稿》，第448页。——译注
③ 参看海德格尔:《哲学论稿》，第490页。海德格尔把传统哲学的Wesen（本质）一词作动词使用，用以表示"存在之真理的发生"（参看全集卷65，第287、288页），Wesung是作为动词使用的Wesen的名词化形式。——译注

以及与此相关的"存在之离弃状态"（Seinsverlassenheit）（全集卷65，第116、117页）①。

"存在论差异"的思想得到了转移，它被带上一条道路，并一再以新的方式得到使用。"存在论差异"的"本源"乃是其"统一性"，这一揭示已经表明"存在论差异"涉及的绝不仅仅是一种二分的结构。"存有之本质现身"作为"差异"的"本源"是那种位于"存在"与"存在者""之间"的东西（全集卷9，第123页）②。因此，这关系到对第三种结构要素的认识。对"存在"与"存在者"之区分的理解既无关"存在"也无关"存在者"，而是关乎令两者保持分离同时又相互联系的"之间"（Zwischen）。

通过对这一"之间"的发现，海德格尔到达了一个维度，常见的存在论阐释范畴在这个维度里几乎不够用了。因此哲学家直接谈论起一种"作为差异的差异"（Differenz als Differenz）（全集卷11，第76页）。这种差异是"形而上学本质之建构的基本图式（Grundriss）"，但它无法作为差异自身由形而上学来思考。随着对这一"基本框架"的揭示，"形而上学之克服"找到了它的主导性思想。

凸显出来的"基本图式"概念在此应当得到双重说明。首先它指向我们业已提及的思想，即处于感性之物与超感性之物的区分中的（如果人们想要这样说的话，亦即处于"观念论"和"唯物论"的区分中）整个"形而上学"的历史建立在这一"基本图式"之内。然而同样变得清楚的是，欧洲思想的"基础"乃是一种"裂隙"（Riss）③。这种"裂隙"无法在一种"统一性"或者"同一性"中得到

---

① 参看海德格尔：《哲学论稿》，第123页。——译注
② 参看海德格尔：《路标》，第142页。——译注
③ Grundriss在日常德语中是建筑蓝图、框架、构造、草图的意思，在字面上由Grund和Riss两词组成，前者意为根基、基础，后者意为裂缝、裂隙，这个词也随语境译为"根本裂隙"。——译注

深化或者扬弃。然而欧洲思想倾向于主张其本质性范畴的一种稳定的"在场状态"。而如果欧洲思想应当建基于"作为差异的差异"之上，它就必须说明，与一种起着作用的概念性有所联系的对稳定的固定之物的主张在多大程度上是没有根据的。

海德格尔思想的"道路特征"恰恰抓住了这种思想的核心格式。当"存在问题"成为一条"歧路"时，"存在论差异"也在一种全新的光照中显示自身。它被揭示为"无法通行的道路"（Wegsperre）（全集卷73.2，第1330页）。因此在20世纪50年代末海德格尔提出对"存在论差异"的"抛弃"或者"解析"。这种"解析"不再联系于"西方哲学"及其"开端"。事关宏旨的不再是"往回望向开端"，而是"先行望向开-端（An-fang），望向作为有待-思想者（das zu-Denkende）的本有"。海德格尔现在谈论一种"让在场者在场"（Anwesenlassen des Anwesenden），"让"（Lassen）在此得到了强调。因为"让"乃是"居-有"（Er-eignen）①。这一点无法再与"存在问题"联系起来。在"存在者之存在意味着在场者之在场"这个表述中，"在场作为谓词"被归给"在场者"。"在场"仿佛成了某种"归属于在场者"的东西。思想于是"胶着在对存在的陈述中，就好像存在乃是某种显露而出者"。为了切近"实情"，切近"本有"，"存在问题"以及随之而来的"存在论差异"必须被放弃。

海德格尔现在尝试以一种崭新的、完全秘传的风格来理解"作为差异的差异"。他为此所使用的核心词乃是"区分"（Unterschied）。"区分"是"之间的切分"（Schied des Zwischen）②，这一切分呈现出"一种尚且没有得到澄清的与之间的关联"。这一"之

---

① 本有（Ereignis）的动词形式ereignen有发生的意思，这个词拆开以后字面上可以理解为"令……本己化""令……变成本己的"。——译注

② 区分（Unterschied）的词根Schied（其动词原型为scheiden）的意思是切分、切开。——译注

间"是所谓的"时间—空间——这一时间—空间"规定了"在场、对象性的筹划领域"(全集卷73.2,第1392页)。"存在之被遗忘状态"如今与"区-分之被遗忘状态(Vergessenheit des Unter-schieds)"是"相同者"(das Selbe)。

海德格尔的"存在论差异"的思想被很多哲学家所接受。雅克·德里达在1967年的《论文字学》中就已经注意到,对海德格尔而言"存在之意义并不具有先验的或者跨时代的意涵"①。相反,德里达把"存在之意义"称为一种"确定的具有重要意涵的踪迹"。他想以此表明,"在存在者的—存在论的差异的关键概念中不是所有东西都能一下子得到思考"。"存在者的—存在论的"(ontisch-ontologisch)这一规定被引向了"差异"的角度。而德里达自己谈论"延异"(différance)。他把"延异"称为"经济学概念",因为"延异"代表着"双重意义上的差异的生产"。différer在法语里同时有"推迟"和"不同"的意思。谁若想要探究德里达的"解构"规划,谁就依赖于对"延异"的理解。同样是在对德里达而言如此关键的1967年,在其文章《暴力与形而上学》中他针对伊曼纽尔·列维纳斯指出,在何种程度上没有"存在论差异"和"存在之思"就不可能思考"任何一种伦理学",尤其是列维纳斯意义上的"伦理学"。②德里达批判性地强调说,"存在论差异"与相对他者的"差异"相比是一种"更原初的差异"。③"作为差异的差异"的思想在伦理学的语

---

① 雅克·德里达:《论文字学》(Grammatologie),舒尔坎普出版社(Suhrkamp Verlag):美茵法兰克福,1974年,第44页。
② 雅克·德里达:《暴力与形而上学》("Gewalt und Metaphysik"),收于《书写与差异》(Die Schrift und die Differenz),舒尔坎普出版社:美茵法兰克福,1976年(巴黎,1967年),第208页。(中译参看德里达:《书写与差异》,张宁译,生活·读书·新知三联书店,2001年。——译注)
③ 德里达:《暴力与形而上学》,第138页。在《黑皮本》出版之后也许人们会以另一种眼光来阅读德里达对于列维纳斯的这种批判。

境中得到了运用。

"作为差异的差异"的思想的伦理学内涵在于，不同于欧洲哲学的传统，"差异"不再隶属于其对立概念"同一"。经典的欧洲哲学家通常将他者和他性之物的现象理解为某种必须在一种最初和最终的"同一"中，在把一切统一起来的"总体性"中得到扬弃并克服的东西。而如果"作为差异的差异"乃是"思想的基本图式"，情况就不再是这样。然而海德格尔自己有关伦理学的谈论却被评价为是冷漠的。[1]海德格尔思想中存在着与伦理学的表述相冲突的倾向。

"此在"的"历史性"

海德格尔早期的哲思活动受到两方面的共同规定，即在它们对"生活的实际性"的意义中反思原始基督教信仰以及希腊哲学。作为"核心现象"的"历史之物的概念"（全集卷60，第31页以下）[2]在此已经扮演了重要角色。当海德格尔在《存在与时间》中力图在其"此在分析论"的框架里深入研究"历史"的"意义"时，历史这一现象的重要性对他来说是不言而喻的。《存在与时间》必须完成的任务是，着眼于"存在之意义"问题展示"此在"与"历史"之间的系统性关联。

海德格尔说明了，"操心"的"存在方式"在多大程度上是"此在"之"整体性"的指示器。"此在"在"操心"中关涉着自己本身。"此在"操劳于各种事务，以便确保自己的将来。它"总是已

---

[1] 让-吕克·南希是一个例外：《赤裸的思想》（*Das nackte Denken*），迪亚法内斯出版社（Diaphanes）：苏黎世与柏林，2014年，第103—149页。
[2] 参看海德格尔：《宗教生活现象学》，第31页。——译注

经"越出自身之外而与那尚未存在的某种东西发生联系。即便指向他人的"操持"也伸向将来。"此在"的这种从其业已所是的东西那里出来，进入到它将要去是的东西那里去的运动，就是"演历"（Geschehen）。海德格尔在存在论上将其理解为"历史"或者"此在"的"历史性"（Geschichtlichkeit）。因此，"时间性"就是"此在""历史性地"生存的"可能性的条件"（全集卷2，第27页）①。

"此在"的这种"历史性"呈现为两面。"此在"能够"本真地"对待"历史"，而这种对待的样式还需要得到澄清。然而它也能够采取一种"非本真的"关系，以致最终对"历史性"视而不见。海德格尔后来对"无历史性"（Geschichtslosigkeit）的评论比这里视而不见的意思还要深远。

只要"此在"在历史中认出了一种"遗产"（全集卷2，第507页）②，它就发现自己与其"历史"——而这意味着与其"本真生存的当下实际的诸种可能"——处在一种"下了决心的"（entschlossen）关系中。"一切'好的东西'"都是"遗物"，而"'好的东西'的特征"在于"令本真的生存得以可能"。"此在"必须认识"本真生存的可能性"并且将其化为己有。这一点作为"重演"（Wiederholung）（全集卷2，第509页）③而发生。此处"重演"的意思不是重复，而是对某些行动可能性的召回，"此在"将这些可能性视为可重演的（整本《存在与时间》始于"对存在问题的突出地重演"，全集卷2，第3页）④。当然，不是所有已经发生的事情都属于这种重演的范围。"此

---

① 参看海德格尔：《存在与时间》（中文修订第二版），第28页。——译注
② 参看海德格尔：《存在与时间》（中文修订第二版），第520页以下。——译注
③ 参看海德格尔：《存在与时间》（中文修订第二版），第523页。——译注
④ 参看海德格尔：《存在与时间》（中文修订第二版），第3页。——译注

在"能够在"反对"(Widerruf)(全集卷2,第510页)①中以批判的方式对待历史。"此在""反对"某些特定的、已然过去的事件,由此它能够表明自己对其"遗产"是负责任的。不过这种对"遗产"的重视仅仅是一种"本真的历史性"的开端。

"先行到死中去"(Vorlaufen in den Tod)(全集卷2,第507页)②被包括在朝向"遗产"的"决心"之中。唯独"为着死亡的自由存在""全然地"赋予"此在以目标"并且将"生存"推入到"其有限性之中"。"此在"由此抵达"其命运(Schicksal)的简单性"。对其"有限性"按下不表的"此在"以漠不关心的姿态对待历史。它将自己交给"人们"的"非本真的"实践,由此徘徊于"遗产"之外。只有当"此在"在其"有限性"中把握了自身,它才摆脱了自己日常的漠不关心。它"选择了"由"遗产"提供给它的"可能性"。现在它获得了一个"目标"。"此在"发现了"自己的命运"。

对于海德格尔而言"死亡"乃是那种"力量",经由这种"力量","此在""在其有限的自由的本己强力(Übermacht)中"(全集卷2,第508页)③认识自己本身。"此在"的这种"强力"在于,"把委弃于自身这一境况的无力(Ohnmacht)承担过来,并对展开了的处境的种种事故一目了然"。在"先行到死中去"中的"有限性"之实行仿佛令人对那样一些事件变得敏感,这些事件源自"遗产"并与"遗产"相应。"历史性"成了一个规定具体行动的主管机关。然而这其中还包括这样一点,即"此在"并不是单独处在与其"遗产"的关系中。原因在于,"命运性的此在作为在-世界-之中-存在本

---

① 参看海德格尔:《存在与时间》(中文修订第二版),第523页。——译注
② 参看海德格尔:《存在与时间》(中文修订第二版),第521页。——译注
③ 参看海德格尔:《存在与时间》(中文修订第二版),第521页,译文略异。——译注

质上在与他人的共同存在（Mitsein）中"生存。因此其"演历"乃是"一种共同演历（Mitgeschehen）"。海德格尔将这种"共同演历"理解为"天命"（Geschick）。"天命"是"共同体即民族的演历"。因此"此在"对于一个"共同体"亦即"民族"的归属"总是已经"包含在它的"历史性"之中。

这种——我们还会指出，这是成问题的——对"历史性"的"基础的—存在论的"探讨，遍及海德格尔的整个哲学。这一理论的一个直接结果是在历史（Geschichte）与历史学（Historie）之间的深度区分（全集卷2，第518页以下）。历史学表现为对"此在"的基本"存在方式"的对象化。"历史科学"（Geschichtswissenschaft）则将"此在""总是已经"生存于其中的东西客体化。就此而言，海德格尔认为"历史学"对"此在"的自身理解来说具有某种必要性。不过在海德格尔进一步的思想进程中有一种倾向越发明显，亦即质疑历史学对历史进行考察的要求。于是大约在《存在与时间》出版十年之后他在"存在历史的作品"《沉思》中写道：

> 这——对现代人类在政治-历史学层面上的把握——造成的后果还包括，历史主义在它的帮助下才得以完成。随着将人的本质借助历史学的结算而固定为某种历史学的——而非历史的——本质这一要求，历史学将过往归结为一种当前，历史主义便是这种历史学的完全统治。（全集卷66，第169页）

如果说在《存在与时间》中，将历史学往回系缚到"此在分析论"中去的意图仍然占据支配地位，那么后来海德格尔就否定了历史学能够把握历史的任何权能。将时代区别拉平，这种内在于"历史科学"的方法倾向（尼安德特人[①]和古希腊人在欧洲的自我解释的语境中是同等重要的吗？），招致了海德格尔的批评，这种批评有时甚至演变成强烈的厌恶。显而易见的是，对《存在与时间》中的"此在"的"历史性"的诠释必定与"历史科学"在方法上的冷漠无别相冲突。历史学家在计划其研究活动时完全无须"朝向死亡的先行"。

参详历史的进一步结果在于，在《存在与时间》之后，海德格尔不再仅仅把历史性视为"此在"的一种"存在方式"，而是将它与"存在自身"联系起来。这层意思在《存在与时间》中已经有所透露，"对存在的追问……其本身就是以历史性为特征的"（全集卷2，第28页）[②]。"存在自身"如何在哲学上成为主题是被"历史性地"决定的。在这里我们会首先以为，海德格尔可能是想把"存在"做成一个主管机构，这个主管机构在各个历史时代以不同的方式"发送"（zuschicken）自身并且必须被视为历史的"基础"。《哲学论稿》写道："唯有在存有本身之本质中，而且同时也即在存有与人类的关联中（人类能胜任这样一种关联），历史才可能已经得到了建基。"（全集卷65，第492页）[③]不过从"存在"与历史着眼，这样一种奠基关系并不可能，因为它并不能够被放置于"时间性"亦即历史之外。这种观念可以追溯到黑格尔对一个"落入时间中"的永恒"精神"的区分。在海德格尔那里，"存在"与"历史"毋宁说处于那样一种关系中，在这种关系中"存在"是"历史"同时也不是"历史"。海德格尔的"存在之历史"的表达让"存有历史性的第二格"

[①] 1856年在德国杜塞尔多夫附近的尼安德特发现的旧石器时代中期的古人，分布在欧洲、北非和西亚一带。——译注
[②] 参看海德格尔：《存在与时间》（中文修订第二版），第530页。——译注
[③] 参看海德格尔：《哲学论稿》，第520、521页。——译注

（seynsgeschichtlichen Genitiv）（全集卷69，第170页）[①]中的这种两义性变得清楚可见："历史"被"存在自身""居-有"（er-eignet）。"历史"是什么由"存在自身"决定。

进一步考察会发现，在《存在与时间》中得到维护的"时间性"与"历史性"的奠基关系将会随之而失效。如果我们对"时间性"的理解本身可能"历史性地"发生变化，"时间性"，亦即"存在"，就不能被阐释为历史的"可能条件"。海德格尔在一门早期的讲授课中指出了"原始基督教""过着""时间本身"（die "Zeit selbst" "lebt"）这个现象。如果说原始基督教"以末世论的方式"（eschatologisch），即从对上帝再临的期待出发把握了"时间性"，那么一种对"时间性"的"历史性"理解就总体化为"时间自身"。在这样一种对"历史性"的总体化框架中，海德格尔日后的思想显得更为倾向于这样的可能性，即把我们对"时间性"的理解引回到一种"历史性的"叙事（或者一种神话）上。这一思想指向了海德格尔自1932年以来称为"另一开端"的东西。

《存在与时间》的最后几章表现出海德格尔思想中存在着一种对历史的总体化（Totalisierung der Geschichte），这种总体化在其思想中将会引发毁灭性的后果。这种总体化同样在那些文本中得到显示，这些文本迄今为止在整体上被视为不成问题的。比如说这种总体化同样出现在海德格尔1929年出版的献给埃德蒙德·胡塞尔70岁生日的杰出庆祝文章《论根据的本质》。在那里海德格尔表明，"此在"首先"在超逾中"，即在"超越"中，"面临这样一种存在者"，

[①] 指Geschichte des Seins（存在历史）中的Sein（存在）作为第二格使用，而这里既可以把Geschichte（历史）理解为主词，也可以把Sein（存在）理解为主词。——译注

"面临着作为它'自身'的它"（全集卷9，第138页）①。"在超逾中并且通过超逾，才能在存在者范围内区分并且决断：谁是和如何是一个'自身'。""自身"的概念以双义性的方式得到使用，直到在1933年左右的讲授课和讲座中变成了单义。②一方面，"此在"的"自身"只能指向这样一点，即它与所有其他"存在者"不同，它能够与自己本身相对待。另一方面，"自身"能够被理解为"本真性"的一个形象，以至于它能够在朝向此在与自己本身的反身性关联中接近"命运"和"天命"。"自身"现在成了"同一性"的一个代表。海德格尔并未更准确地标明这种区分。

在"此在"之"历史性"概念，"命运"和"天命"（如今有理由以有所保留的姿态看待这两个词汇）概念中的哲学问题在于，"此在"在其"历史性的"行动中必然成为某个"民族"的代表，这个民族就像"此在"自身，像"此在"之"自身"，是无法成为复多性的。就像单个的"此在"那样，"民族"以一种声音说话。只有这样它才能拥有一种"天命"，这种"天命"始终是一种"天命"。然而，由于在历史中仿佛涉及的始终是这样一种"天命"，对这种"天命"的反对就只能处于历史之外。这正是海德格尔在"二战"之后对那些人的指责，这些人"袖手旁观，处于意志－阙如（Willenlosigkeit）的领域"（全集卷97，第98页）。换言之，1933年的革命作为一种"天命"在海德格尔看来必定没有选择的余地。

海德格尔真正加入国家社会主义的时间是"1930年至1934年"

---

① 参看海德格尔：《路标》，第160页。——译注
② 参看迪特尔·托梅（Dieter Thomä）：《自身的时代及其后的时代：海德格尔1910年至1976年文本史考订》（*Die Zeit des Selbst und die Zeit danach. Zur Kritik der Textgeschichte Martin Heideggers 1910–1976*），舒尔坎普出版社：美茵法兰克福，1990年。

（全集卷95，第408页）。在这段时期，他"将国家社会主义视为向另一开端的过渡的可能性，并且将这种解说赋予国家社会主义"。《存在与时间》中对"历史性"的诠释在此起到作用，这一点他本人日后对他的犹太学生之一卡尔·洛维特说过。洛维特向海德格尔表达了自己的看法，认为他对国家社会主义的参与处在"其哲学的本质之中"①。海德格尔"无所保留地"认同并且解释说，"他的'历史性'概念乃是其政治'投入'的基础"。如此看来，海德格尔对国家社会主义的"投入"能够被理解为是对其自己的思想的一种前后一致的、显然有意识的运用。

"德国的哲学生活"向前推进。1933年4月21日，海德格尔被任命为弗莱堡大学校长。1934年4月23日海德格尔宣布辞职。然而这尚不足以说明什么。

---

① 卡尔·洛维特：《纳粹上台前后我的生活回忆》（*Mein Leben in Deutschland vor und nach 1933. Ein Bericht*），梅茨勒出版社（J. B. Metzler）：斯图加特与魏玛，2007年，第58页。

"存在之历史"

> 如果人们不知道诗歌是什么……他们怎么知道历史是什么。（全集卷76，第233页）

希特勒与"另一开端"

> 领袖已经唤醒了一种崭新的现实，这种巨大的经验和福乐赋予我们的思想以正确轨道和推动力。（全集卷94，第111页）

大约自1930年开始，海德格尔从首先在《存在与时间》所把握到的洞见中引出一些特定的结果。"对存在的追问""其本身就是以历史性为特征的"（全集卷2，第28页）[①]。事关宏旨的不再是将"历史性"理解为"此在"的一种"存在方式"，而是理解为仿佛"存在自身"的一种"存在方式"。海德格尔思想的这种调整，过度简化为了"回转"概念，它并不是仅仅涉及简单的"存在"与"存在者"的关系翻转。相反，必须看到的是，处于"回转"中的"存在之历史"的思想将"历史性"从"此在"转移到了"存在"。

思考"存在之历史"意味着归给"存在"以一种"历史"。海德格尔在20世纪30年代初以此方式起步。后来他曾这样描述这一步伐：

---

① 参看海德格尔：《存在与时间》（中文修订第二版），第30页。——译注

"从此-在的解释学转向本有的神话-逻各斯（Mytho-Logie）。"（全集卷73.2，第1277页）这句不完整的话似乎指向海德格尔思想的两个阶段。《存在与时间》的思想追问"此在"的"存在之意义"。"存在之历史"的思想从"本有"出发追问"存有之真理"。这种追问现在被规定为"神话-逻各斯"。

在1933/34年冬季学期的讲授课中，海德格尔特点鲜明地思考了 *lógos* 与 *mŷthos* 的区分。① *lógos* 被理解为"聚集"（Sammlung），它"涉及存在者的共同和聚合（das Mit und Zusammen des Seienden）"（全集卷36/37，第115页）。*mŷthos* 则是"那向着人笼罩而来的话语，在这一话语中其全部此在的各种事物向他得到解说；不是那种他从自己出发去进行讨论的话语，而是给出指示的话语"（全集卷36/37，第116页）。"通过哲学并且与哲学一道语言才首先"成了 *lógos*。然而"原初的哲学的 *lógos*"始终"与 *mŷthos* 相联系；科学的语言才首先造成了脱离"。在这个意义上 *lógos* 与 *mŷthos* 在哲学中相互联结在一起，即"神话-逻各斯"。②

随着这种朝向 *mŷthos* 即朝向讲述、叙事的决断而产生的问题，能够通过亚里士多德《诗学》中的思考而得到澄清。悲剧是对一个行动的模仿，这种行动作为 *mŷthos*③——悲剧的灵魂（*psychè tês tragodias*）——呈现出来。每一个行动都是一个整体。而一个整体有其开端、中段与结束（1450b26）。当海德格尔将一种历史，一种 *mŷthos* 归给"存在"之际，他就必须赋予这种历史以形式的要素，

---

① *lógos* 与 *mŷthos* 的区分通常推理性思维与神话思维的对立，而海德格尔有自己特别的解说，认为两者并不对立。——译注
② 海德格尔把"神话学"（Mythologie）一词分写，显出了 Mytho-Logie 中源自 *lógos* 的变形形式 Logie。——译注
③ 这里的 *mŷthos* 有"故事、情节"的含义。——译注

这些作为叙事的形式要素的建立无非是在讲述者自身的权威性的作用中。换言之，海德格尔的"存在之历史"只能作为不断地进行自我授权的作者海德格尔的一种讲述。①

这一点在1932年夏季学期讲授课中得到了清晰显示。在那里海德格尔一开始就谈到"形而上学的终结"（全集卷35，第1页）以及在前苏格拉底思想家阿那克西曼德与巴门尼德那里的"西方哲学的开端"。在讲授课进程中变得清晰的是，事关宏旨的不再是"希腊人"那里的开端与欧洲当下时代的"终结"这种或多或少是惯常的区分。海德格尔破坏了这种区分，他提出"与开端一道发动开端"（全集卷35，第42页）的要求。"开端"变成了双重的。海德格尔相应地谈论"第一开端"（全集卷35，第47页）以及"开端性的开端的再次开端"（全集卷35，第99页）。这种后来被称作"另一开端"的"再次开端"被认为对于"我们当今之人"（全集卷35，第98页）而言是"首要的、决定性的东西"（全集卷35，第99页）。而"再次开端"必然回过头指向"终结"。海德格尔因而谈到了"对哲学活动加以中止"（全集卷35，第1页）的"任务"。

1932年夏季对"开端"和"终结"的如此这般的解释相应于海德格尔在这段时期所怀有的政治上的期待。两本写于20世纪30年代初的《思索二》和《思索三》以自己的方式证明了这一点。当海德格尔起初对这种政治期待沉默不语，却又表达出自己的革命立场时（"何时我们终于开始演奏并且为了斗争而进行演奏？／调音和操

---

① 在《存在与时间》中海德格尔提到在"生存的可重演的诸种可能性面前"，即"历史"的"遗产"面前，"一种自由的生存活动所能具有的唯一权威"（全集卷2，第516页）。在《哲学论稿》中海德格尔解释说，"道说并不是有待道说者的对立面"，而是"作为存在之本现"的"有待道说者自身"（全集卷65，第4页）。如此来看，"存在之历史"的作者就是这种历史本身。（注意这里的"权威"[Autorität]与"作者"[Autor]具有词源联系。——译注）

练足够了！抑或并不足够？在所有这些事情上只是一个语词的写作者"［全集卷94，第26页］），"1932年秋季"（全集卷94，第107页）以来的笔记就显得越发含义明确。在一则让人想到"开端"的笔记中海德格尔这样说："领袖已经唤醒了一种崭新的现实，这种巨大的经验和福乐赋予我们的思想以正确轨道和推动力。"（全集卷94，第111页）

海德格尔将国家社会主义视为"向另一开端的过渡的可能性"。"过渡"还不是"另一开端"本身。这一区分能够很恰切地刻画出海德格尔的立场。国家社会主义者的"掌权"（Machtergreifung）还不是"存在之赋权"（Ermächtigung des Seins）（全集卷94，第39页）。"国家的革命"尚不是哲学家后来根据自己的观点"以革命的方式"将其称为"将本质往回推动而进入到开端性的东西中去"（全集卷97，第19页）的那种"革命"[①]。他将"存在历史的"革命置于历史的"革命"之前："没有任何一种'革命'足够具有'革命性'。"（全集卷69，第23页）

无论如何，海德格尔准备用自己的思想来支持历史的事件。担任弗莱堡大学的校长，这一"违背最内在的声音"（全集卷94，第110页）的实践参与，在此所扮演的角色是较为微不足道的。更为令人惊奇的是这样一点，海德格尔以多大的热情将革命的处境转移到思想上。"哲学"必须被带向"终结"（全集卷94，第115页），而在哲学的位置上"完全不同的东西"，"元政治学"（Metapolitik）得到"准备"。因此必须有一种"科学的转变"；对于这一处于其极端的

[①] 关于海德格尔的"革命"可参看弗洛里安·格罗塞尔（Florian Grosser）：《思考革命：海德格尔与1919年至1969年的政治》（*Revolution denken. Heidegger und das Politische 1919-1969*），贝克出版社（C. H. Beck）：慕尼黑，2011年。

要求中的思想，即便海德格尔本人也绝没有能够哪怕是初步地进行富有意义的澄清。

有关"元政治学"的信息十分贫乏。然而海德格尔指出，在20世纪20年代末由他所探究的"此在之形而上学""根据其最内在的结构"必须"深化和扩展成为历史性民族'之'元政治学"（全集卷94，第124页）。这种"元政治学"将特定的"历史性民族"——是且仅仅是"德国人"——作为对象，如此而在这种民族那里得到展开。海德格尔没有进一步定义"元政治学"概念，这并不意味着他没有在实事方面展开这种"元政治学"。相反，可以认为，包括但不限于第一册《思索》中的笔记恰恰可以被视为"元政治学"。

以公开的方式引入"元政治学"的核心显白文本，是所谓的"校长演说"，即1933年5月27日在弗莱堡大学大礼堂所做的《德国大学的自身主张》。这一演说接续了海德格尔在1930年之前的文本中业已对之产生兴趣的主题。"此在"的"历史性"——作为"此在之形而上学"的一个环节——首先触及的乃是"此在"的"自身"-关联（"Selbst"-bezug）。但是这并不仅仅意味着，"此在"以抽象的方式反身性地与自己本身相对待，而是，在这种"自身"-关联中整个的"生活的实际性"被纳入其中。由于一个"开端"应该得到建立，海德格尔抛出了对"自身"的追问："但我们是否知晓，我们自身是谁……？若没有最持久的和最严厉的自身省思（Selbstbesinnung），我们究竟能够知道这一点吗？"（全集卷16，第107页）[1]这里提到复数的"我们"并不仅仅是出于修辞的原因。相反，当海德格尔认为，"此在"的"自身"只有在对某个"民族"的归属中才能得到澄清

---

[1] 参看海德格尔：《讲话与生平证词（1910—1976）》，孙周兴、张柯、王宏健译，商务印书馆，2018年，第138页。——译注

时，他始终忠实于他在《存在与时间》中引入的"天命"概念。

在这种归属中所显示出来的东西，海德格尔在其演说的最为重要的结论中以如下方式进行了总结：

> 这三种义务——在精神性的使命中通过民族而关系于国家之命运——对于德意志的本质而言是同样源始的。由此发源形成的那三种服务——劳动服务、国防服务和知识服务——是同样必要的，具有同等的地位。（全集卷16，第114页）①

"义务"与"服务"相互指示。对"民族"的归属在日常的"劳动"中得到见证，参与到与这一"民族"相应的"国家"中去在"国防服务"中得到见证，引导着前两种"义务"的"精神使命"存在于"知识服务"中。②这些展开出来的"义务"和"服务"的统一性的本源乃是"德意志的本质"。在这一表述中有一种方向同时业已给出，这一方向蕴含着对"我们自身是谁"这一问题的回答。然而必须指出的是，比起回答，海德格尔越发重视的是问题本身，或者更好地说，重视对"本质"的一种演示性的追问。这导向了一种悖论性的解说，即"德国人的本质"在于"为其本质而进行的斗争"（全集卷95，标题《思索七》）。

海德格尔关注了两种规划："假设精神力量是足够的，那么可能只有两样东西能够帮助我们前进：（1）重新建立一所独一无二的大学；（2）与这所大学一道建立一个讲师学校。"（全集卷94，第118页）

---

① 参看海德格尔：《讲话与生平证词（1910—1976）》，第146页。——译注
② 将国家的这一划分与柏拉图《理想国》中的阶层划分进行一番比较是值得的。在后者那里统治者、护卫者和农民以神话性的语言被划为金、银和铁（斯特方本编码415a）。粗略来看，这与海德格尔的设想具有一种相似性，因为海德格尔无疑把认识者视为进行统治的人。

把"知识服务"集中到一所大学之中的做法应当完成这样一个目标，即能够为整个帝国培养讲师。海德格尔甚至为此订立了一些指导方针（全集卷16，第308—314页）。

然而哲学家本人很快明白，被他与现实存在着的"粗鄙的国家社会主义"（Vulgärnationalsozialismus）（全集卷94，第142页）对立起来的"精神性的国家社会主义"（全集卷94，第135页）是一个无意义的规划。校长的实践参与很快被认为是"巨大的错误"（全集卷94，第162页）。紧接着的是退出现实政治。

这当然并不意味着海德格尔放弃了他对国家社会主义的兴趣。情况恰恰相反。他退出的动机是模棱两可的。海德格尔起初采取的是革命者的通常立场，对这样的革命者而言革命并没有足够激进地得到施行。在这个意义上他将"国家社会主义"（绝不是贬低性地）称为"野蛮的原则"（全集卷94，第194页）。这便是它的"本质之处及其可能的伟大"。国家社会主义本身并不是"危险"，"危险"是对它的稀释。事实上，他的有关"科学之转变"的观念缺乏一个肥沃的土壤。党内同志很难去理解海德格尔他那十分模糊但又非常激进的目标。

在日后一个重点更为突出的总结中海德格尔认为，"缺乏存有之转变的存在者层面的一种单纯'革命'不再能够"创造"一种原初的历史"，"而仅仅是"确认"现成的东西"（全集卷95，第18页）。因此他的思想和国家社会主义之间并不存在一种"非中介性的"（unmittelbar）[①]联结。而两者都"中介性地"（mittelbar）迫切要求"一种有关本质与规定的决断，这种本质与规定涉及德国人以及

[①] 这个词原本的意思为"直接的"，这里因为作者打上了着重号显出其字面含义而采取字面的译法，也可译为"非间接的"。——译注

一并而来的西方之天命"。如果说海德格尔一直到战争结束时都还保持着对国家社会主义以及以国家社会主义方式得到统治的"第三帝国"的某种程度的忠诚，那么其理由就在于这种"存在历史性的"叙事。必须有那样一种"德国人"存在，他们在"存有之转变"中能够实现"西方之天命"。

海德格尔与他自己的所谓"国家的革命"的解释有一种疏远化过程，这一疏远化策略并不容易得到透视。其视角之变化的原因在于，"存在者层面的'革命'"与"存有之转变"之间的重合不单单被认为是一种"错误"，因为"革命"并没有令"存在者"发生任何改变。毋宁说，海德格尔发现，国家社会主义包括在阻碍"存有之转变"的现象中。"国家社会主义"正如"布尔什维克主义"一样，代表着"谋制性的谋制之胜利（machenschaftliche Siege der Machenschaft）——近代的巨幅的完成形式"（全集卷96，第127页）。"存在历史的"阐释将国家社会主义的叙事功能从"开端"之征兆转移为"终结"之代表。

这引起了这样的后果，即"存有之转变"以及"另一开端"也必须有所转移。海德格尔认识到，他起初视为随着国家社会主义的登场而终结的"近代"，经由国家社会主义本身而得到延续。从中产生了这样的思想，即对国家社会主义的单纯道德上的批判在"存在历史性的"语境中必定始终是一无所获的。此外，国家社会主义在"完成"之前的崩溃可能会阻碍"存有之转变"的可能性。海德格尔因此推论出"对其进行肯定的必然性"（全集卷95，第408页）。如果说海德格尔考察战争和大屠杀的历史事件时并不从道德的角度进行谴责，相反，甚至是从"存在历史性"的角度对它们加以肯定，那是在这样一种意义上，在他的"本有的神话－逻各斯"中"近代的完成"必须得到彻底的实施。完全的黑夜必须首先展露出来,一个崭新的早晨才可能破晓。光明首先在黑夜中显现而出,这一意象属于基督教的"遗产"(参看《约翰福音》1:5)。

因此海德格尔一度把"民族主义的角色"(全集卷96,第131、132页)刻画为"对帝国主义的煽动"。"社会主义"服务于"帝国主义"的"扩张"。"'帝国主义'的赋权"(全集卷96,第132页)意味着"把近代之人引向无条件的谋制",即技术。技术利用了"一个无法抗拒的诱饵"。它赋予"谋制的承担者以这样一种意识",即以自由的方式实现自己的意图。"实际上""帝国主义落入谋制的无条件的奴役中这件事已然决定好了"。这一切发生在"存有之历史的先行空间"中,在这一空间中"我们"接近了"西方的革命"。这一革命还不是"另一开端",而是作为"在虚无和存有之间的首度决断的边缘"(全集卷96,第133页)的"终结"。但是,若要使"另一开端"成为可能,这一"终结"就必须发生。

"二战"被海德格尔解释为是这样一种"终结"的标志。"二战"越宏大、越具有毁灭性,在海德格尔看来,翻转而进入"存有之转变"就越临近。所有战争的参与者都"成为了存有之历史的奴隶,他们对于这种存有之历史而言从一开始就太过渺小因此被迫卷入战争"(全集卷96,第141、142页)。在那里落入毁灭之手的东西只是"存在者"。因为"战争""绝非存有之生父和统治者,而始终只是存在者的生父和统治者"(全集卷96,第142页)。"存有"是"无可比拟的、无所关联的"。数百万人被灭绝的事件无法触及"存有"。

1930年至1934年之间,希特勒对于海德格尔而言乃是国家社会主义的革命的担保人,这一革命能够令进入到"另一开端"的过渡成为可能。1934年之后海德格尔开始把这种"革命"的可能性与它的现实情况分离开来。他随后认识到，国家社会主义的现实性无非是"存在之历史"的一个时代的必要环节，这个时代必然还需要完成。在"二战"的灾难性情状中他看到了这种完成的到来。希特勒似乎不再是"开端"，而是"终结"。然而"存在之历史"以不同的方式得到了决断。

"荷尔德林与德国人"

> 我有一种感觉，必须要再一个一百年之久的隐蔽不彰，人们才会有所预感，在荷尔德林的诗歌中什么东西在等待着。（全集卷97，第70页）

这一章的标题来自诺伯特·冯·海林格拉特——弗里德里希·荷尔德林的历史考订版作品全集的第一位编者——1915年在慕尼黑举办的一个演讲。[①]"1916年28岁的时候阵亡于凡尔登"（全集卷39，第9页）的海林格拉特，在其解释荷尔德林的演讲中表达了一种解释倾向，这种倾向——尽管海德格尔从未提到这一演讲——在一个特定角度上先行实施并影响了哲学家的解说方式。在很多地方海德格尔以批判的方式与编者的编辑选择进行争辩。但是"二战"以后海德格尔仍然一度声称，海林格拉特是这样一个人，"他因为热爱命运，而能够独独热爱字母亦即成为一个语文学家"（全集卷75，第161页）。这里的"命运"不再像《存在与时间》中那样乃"一个

[①] 参看诺伯特·冯·海林格拉特：《两个有关荷尔德林的演讲：荷尔德林与德国人，荷尔德林的疯狂》（*Zwei Vorträge. Hölderlin und die Deutschen. Hölderlins Wahnsinn*），雨果·布鲁克曼（Hugo Bruckmann）出版社：慕尼黑，1921年。

共同体，一个民族的演历"，而是"存有之命运"（全集卷75，第82页）。在对这一"命运"进行讲述的过程中"德国人"扮演着主要角色。这些"德国人"是谁？

在1934年4月从校长职位上退下来之后，海德格尔开设了一门讲授课"逻辑学作为对语言本质的追问"。这一题目隐含着一种批判。在之前1933/34年冬季学期的讲授课"论真理的本质"中海德格尔已经确认，"对作为语言学说即语法的 *logós* 的沉思，受到作为思维学说的逻辑学的支配"（全集卷36/37，第103页）。"逻辑学"的支配地位必须通过"对语言从语法方面加以表象的行为的动摇"（全集卷36/37，第104页）而得到终结。只有当"语言的本质"得到主题化探讨时，这一点才可能发生。

在1934年夏季学期讲授课结尾，这种"动摇"得到了实现。海德格尔说：

> 在语言作为塑造世界的力量发生之处，即在语言先行塑造着存在者之存在并赋予其组织结构（Gefüge）之处，语言的本质本质现身。原初的语言乃是诗歌的语言。（全集卷38，第170页）①

在此不单单是有关"语言的本质"的问题获得了一个特定方向。海德格尔立即提到了一位"诗人"，这位诗人的名字他却按下不表。"诗歌以及随此而来的真正的语言""只有在那个地方，在那里存在的支配作用被带入原初语词的占优势地位的不可触碰性中"才会发

---

① 在全集卷38中出版的讲授课的文本由课堂笔记组成。然而海德格尔本人的手稿在此期间失而复得，在接下来的几年会得到编辑出版。

生。如果"德国人"想要"领会"这一点,他们就必须"学习什么叫对他们已经拥有的东西进行保存"。"存在的支配作用"被带向语言的那个地方,对于海德格尔而言就是荷尔德林的诗歌,它是"德国人"所拥有的"财产"。

在这种方式的准备下,讲授课那些专注的听众就不会感到惊讶,海德格尔在1934/35年冬季学期解读了"荷尔德林的颂歌",更准确地说,解读了颂歌《日耳曼尼亚》与《莱茵河》。随着第一次细致的荷尔德林解释,海德格尔的哲学经历了一次其重要性如何评价都不为过的道路转变。的确,人们可以认为,从《存在与时间》以及紧随其后的讲授课来看,海德格尔的第一次荷尔德林讲授课——随之开始了持续到海德格尔生命终点,甚至持续到他的葬礼[①]的荷尔德林解释——为他的整个思想开启了一个全新的、充满问题的维度。

海德格尔对荷尔德林产生兴趣的理由是多重的。在《存在与时间》中海德格尔在哲学上以主题化的方式低估了"语言"问题(参看全集卷12,第151页)。"逻辑学"是什么和不是什么,这个问题必须在追问"哲学"的"历史性"地位的关联中得到探究。对"语言"的一种更为集中的考察的重要性由此对海德格尔变得清晰了。这种考察现在与"历史性"问题联系在一起并经由"元政治学"的兴趣而得到施行。

因此荷尔德林在很多层次上对海德格尔而言都是极其重要的。首先,在海德格尔对"语言的本质"的追问中他起着关键作用。其次,在这种关键作用的意义上他乃是"历史性民族'之'元政治学"的中心。此外,在海德格尔"存在之历史"的叙事中他还提供了最

[①] 海德格尔安排将荷尔德林的诗歌选段——令人惊讶地不是以基督教的方式——"作为我墓前的最后致辞"(全集卷16,第749页以下)。

重要的定向作用。他作为诗人支持着"形而上学之克服"的规划并且为海德格尔的技术思想开启了一个特别的角度。

诗一般径直被理解为一种创造性活动，它"在语言领域内以语言为'原料'""创造出""它的作品"（全集卷4，第35页）[①]。诗歌被当作传达诗人主观经验的艺术作品。与此同时，欧洲的文化传统向我们表明，诗可以超越这样一种定义。自荷马史诗以来，诗歌不仅被理解为以语言为材料的艺术门类，它同样被理解为一种促成身份同一性的各种意义的总体关联。从这种诸意义的关联体中"希腊人"获得其在世界中的导向。荷马有关诸神的故事对"希腊人"而言尤其具有约束力。即便柏拉图也还必须与荷马争辩，方能将哲学作为一种解释宇宙的真切方式解放出来。基督教的世界图景（Orbis）[②]在其自身理解中也有赖于诗，对基督徒而言具有根本意义的文本本身就是伟大的诗篇。

在这个意义上，与自我表达的主体的创造性活动相比，诗要么更为宽广，要么就是另外一种东西。诗为一个共同体提供了对自身进行理解的可能。在业已提及的1934年夏季学期的讲授课中，海德格尔把这一意义直接归给了语言："依靠语言也只有依靠语言世界才运作起来——存在者才存在。"（全集卷38，第168页）这种对"语言的本质"的规定以范例性的方式充实了诗。由于诗歌是一种特别凝练的语言现象，它可以扮演集体性世界导向（Weltorientierung）的角色。因此海德格尔写道："诗乃是存在的词语性创建。"（全集卷4，第41页）[③]

[①] 参看海德格尔：《荷尔德林诗的阐释》，孙周兴译，商务印书馆，2002年，第38页，译文略异。——译注
[②] 拉丁语，基本意为圆圈、圆周、圆环，引申为世界、地球、领域、区域等义。——译注
[③] 参看海德格尔：《荷尔德林诗的阐释》，第45页。——译注

在这种对诗的诠释中我们的出发点是，作诗（Dichten）是一种语言现象因而建基于语言。于是我们将诗阐释为某种一般之物的特殊显现形式。但海德格尔否定了这种关系定义（Verhältnisdefinition）。如果诗乃是"对存在的词语性创建"，那么它就是"那种事物，通过它，我们在日常语言中讨论和商谈的一切东西才首先进入到敞开域中"（全集卷4，第43页）①。诗先行于语言，它是"元语言"（Ursprache）。因此我们无法从"语言的本质"出发来把握什么是诗，相反，我们需要从诗出发来理解"语言的本质"是什么。诗乃"语言的本质"。

在海德格尔看来，荷尔德林不仅仅是那样一位最好地认识了诗的这一规定的诗人。荷尔德林还"特意"对"诗的本质"进行作诗（gedichtet）（全集卷4，第34页）。因此在荷尔德林的诗中发生了一种对诗本身的决断。经由这种决断诗完全在一种崭新的光照下得到显现。因此海德格尔还能够把他称为"诗人之诗人"；亦即这样一位"诗人"，他显明了且当然同样也见证了，一位"诗人"是什么。

对海德格尔而言，诗不仅是"元语言"，而且是"一个历史性民族的元语言"（全集卷4，第43页）②。凭借这一思想海德格尔将自己的荷尔德林阐释置入"历史性民族'之'元政治学"的框架内。在1934年11月的一个演讲中——海德格尔开设"荷尔德林的颂歌《日耳曼尼亚》与《莱茵河》"讲授课的时候——他强调荷尔德林是"德国人中最德国的"（Deutschesten der Deutschen）（全集卷16，第333页）③。哲学家使用了最高级，因为荷尔德林的诗乃是那样一个独一的

---

① 参看海德格尔：《荷尔德林诗的阐释》，第47页，译文略异。——译注
② 参看海德格尔：《荷尔德林诗的阐释》，第47页。——译注
③ 参看海德格尔：《讲话与生平证词（1910—1976）》，第396页，译文略异。——译注

源泉，从此源泉而来能够去经验"德国特性"（das Deutsche）是什么以及"德国人"是"谁"。荷尔德林是那样一位诗人，他为"德国人""创建了"其"历史"，他是"德国存有的创建者"（全集卷39，第220页）。

当海德格尔在较早期的《思索》中说："唯有德国人能够以原初而又崭新的方式对存在进行作诗与道说——唯有德国人将会以崭新的方式提升 theoria 的本质并最终创造出逻辑学。"（全集卷94，第27页）那么他想到的几乎独独就是荷尔德林。无论从哪个角度看"德国人"在欧洲的特殊角色都因为荷尔德林而得到了合法性辩护。他是那样一个人，他"创建了""历史性民族"的支柱。这样一种对诗人的要求可能是成问题的，这一点海德格尔已经在1934/35年第一次有关荷尔德林的讲授课中察觉到了。他确认说，荷尔德林"在我们民族的历史中还没有成为一股力量"。海德格尔接着评论说："因为他尚且不是，因此他必须去成为。此处一道发生作用的乃是最高的、本真意义上的'政治'（Politik），谁若在此有所作为，并不必要对所谓'具体政治事务'（das Politische）有所讲论。"（全集卷39，第214页）[1]对卡尔·施米特及其《政治的概念》[2]的影射我们不能忽略。然而同样不能忽略的是，对荷尔德林诗的这样一种"元政治学的"利用——且完全不论这种利用是否也能切中哪怕只是诗歌本身的某个部分——必定失败。对于"民族"而言希特勒无疑才始终是"德国人中最德国的"。

---

[1] 参看海德格尔：《荷尔德林的颂歌〈日耳曼尼亚〉与〈莱茵河〉》，张振华译，商务印书馆，2018年，第259页。——译注
[2] 卡尔·施米特：《政治的概念》（"Der Begriff des Politischen"），汉萨出版社（Hanseatische Verlagsanstalt）：汉堡，第三版，1933年。

荷尔德林诗为"存在之历史"的叙事提供了重要基石。海德格尔因而在讲授课结尾提到"荷尔德林诗的形而上学位置"（全集卷39，第288页）。这一位置即"存在自身的中心"。为了在"历史性"处境中为这一"中心"定位，海德格尔阐释了荷尔德林在1801年12月4日写给他的朋友卡西米尔·乌尔里希·伯伦多夫（Casimir Ulrich Böhlendorff）的第一封信。①海德格尔引用了书信中大段关键段落，其中荷尔德林谈到了"真正民族性的东西"以及"对本己之物的自由使用"是"最为艰难的"。此间荷尔德林将一些标志性特征归给"希腊人"和"我们"，这些特征处在一种特殊关系中。对"我们"而言本己拥有的是"呈现的清晰性"，"对希腊人而言是天空之火"。在此，"我们"与"希腊人""不能拥有相同的东西"，"除了那样一种东西之外，这种东西必定在希腊人和我们这里是最高的存有"，"即活跃的关系和命运"。在荷尔德林的谈论中事关宏旨的首先是"艺术法则"，而海德格尔和许多其他研究者从中构造出了一种神话。

由于荷尔德林的书信，海德格尔确认了要进一步加强"希腊人"和"德国人"在欧洲历史中亦即在"存在之历史"中的突出意义。即便在第一次荷尔德林讲授课中没有提到"第一开端"和"另一开端"，清楚无疑的是，海德格尔是在这一方向上解释荷尔德林书信的："当我们投身于希腊人的斗争之中（却是在相反的前线上），我们不会成为希腊人，而是德国人。"（全集卷39，第293页）②然而，为了在与"希腊人"的关系中，在与"第一开端"的关系中令"另一开端"得以发生，成为"德国人"是必要的。荷尔德林在这一"过

---

① 参看弗里德里希·荷尔德林：《作品与书信全集》（*Sämtliche Werke und Briefe*），第二卷，米夏埃尔·克瑙普（Michael Knaupp）编，卡尔·汉泽出版社：慕尼黑与维也纳，1992年，第912页以下。

② 参看海德格尔：《荷尔德林的颂歌〈日耳曼尼亚〉与〈莱茵河〉》，第357页。——译注

渡"（全集卷70，第149页）过程中扮演着决定性的角色。

当海德格尔在第一次荷尔德林讲授课中业已引用了诗句："长的是／时间，而真实者／自行发生。"（全集卷39，第55页）①这里同样可以指出的是，即使是"存在之历史"的中心，令叙事的一切环节得到结构性组织的"本有"，也是从荷尔德林的颂歌《记忆》中产生的。这种阐释并非凭空而来，海德格尔本人证明了这一点，他在20世纪40年代初的《黑皮本》中再一次引用了这一诗句并补充说："我有一种感觉，必须要再一个一百年之久的隐蔽不彰，人们才会有所预感，在荷尔德林的诗歌中什么东西在等待着。"（全集卷97，第70页）

在此期间，海德格尔首先在《哲学论稿》这一有关"本有"的最重要的"存在历史性的"尝试中以典范的方式总结了谁是荷尔德林。在那里哲学家谈到了"荷尔德林在存有历史上的唯一性"（全集卷65，第422页）②以及"哲学的历史性使命的极致，乃在于认识到倾听荷尔德林诗句的必然性"。所有这一切都超越了"'科学'和'文学史'"的边界。对海德格尔而言其荷尔德林解释的基准点乃是"存有的可追问性"。

荷尔德林对于海德格尔而言在"存在之历史"中乃是"另一开端"的诗人，与此同时他还伴随着内在于"存在之历史"的思想的更进一步规划。这涉及所谓的"形而上学之克服"。在此事关宏旨的不再只是"解析基督教神学和西方哲学"，就像海德格尔先前所表达的那样。相反，在这种对欧洲哲学思考的所有具有承载作用的规定的"解析"中还涉及一种"历史性的"挪移，一种设定着"另一开

---

① 参看海德格尔：《荷尔德林的颂歌〈日耳曼尼亚〉与〈莱茵河〉》，第67页。——译注
② 参看海德格尔：《哲学论稿》，第445页。——译注

端"的划时代的断裂。为了使"形而上学之克服"得以可能,"思想家"仿佛必须与"诗人"携手工作。"荷尔德林的言词"诚然为"存有之历史的另一开端"(全集卷70,第167页)做了准备,然而"这另一开端"必须"首先""通过形而上学之克服"而"在思想中得到决断"。"思想""这一次"走在"诗歌"的"前面"。

海德格尔的后期思想收回了"存在之历史"的这一艰难运动。1950年左右海德格尔开始赋予其哲学以一种不同的音调和风格,而且不止于此。连同论证过程也获得了一种不同的价值。这一时期海德格尔还对有关"谋制"亦即技术的特定思想进行了重新阅读。海德格尔在20世纪三四十年代对技术给予了大量关注。基于一些有待提及的特定问题,海德格尔如今以不同的方式思考技术,即将其思考为"合-置"。就像在探讨"谋制"问题时那样,海德格尔的出发点在于,现代之时代受到技术与科学的支配。在这一前提下荷尔德林的一行诗获得了一种渐渐具有颠覆作用的意义:"充满劳绩,然而人诗意地栖居在这片大地上。"(参看全集卷7,第189页以下)虽然人的"栖居""充满劳绩",亦即处于技术、经济和媒体网络的全球条件下,"然而""栖居"这件事首先是"诗意的"。在海德格尔看来,"诗意的东西"就是在实践和理论中能够应合于一种"尺度"(全集卷7,第201页)的姿态或者注意力。诗歌懂得人及其成就的有限性,它明白在世界中以悲剧性方式失败的可能性。在这个意义上,海德格尔在"二战"时指向了索福克勒斯在《安提戈涅》第二合唱歌中所阐明的对 *pólis*[①] 的认知(全集卷53,第63页以下)。悲剧诗人在那里将人描写成超出一切其他生灵的"陌异可怖者"(Unheimliche),他没有做到合乎"尺度"地共同"栖居"于 *pólis* 中。

---

① 希腊语,意为"城邦"。——译注

总体而言，海德格尔的荷尔德林阐释在荷尔德林文学研究界一直是受到拒斥的。[1]就像对诺伯特·冯·海林格拉特的指示所表明的，海德格尔的荷尔德林阐释以其特殊的"政治性"的阅读方式在历史上可以被归入斯特凡·格奥尔格"圈"的荷尔德林接受中。海德格尔将自己的荷尔德林阐释与"第三帝国"的政治处境联系在一起，这一点是致命的，即便他从一开始就解释说，他的哲学目标远远超越于任何一种直接的利用（即便这同样导向了对于具体的政治投入的态度）。然而海德格尔对荷尔德林诗的解释以其哲学性的方式而显得独一无二。海德格尔十分敬重的文学研究者马克斯·科莫雷尔在一封给海德格尔的信中将海德格尔的荷尔德林解释称为"一种崇高的自杀"[2]。

哲学与反犹主义

1916年在一封给他的妻子埃尔福丽德的信中，海德格尔已经提到了"我们的文化和大学的犹太化"[3]。当然我们不能就此推论，海德

---

[1] 始终具有代表性的是约亨·施密特（Jochen Schmidt）：《20世纪的荷尔德林：接受与编辑》（"Hölderlin im 20. Jahrhundert. Rezeption und Edition"），收于《荷尔德林与现代：一个总结》（*Hölderlin und die Moderne. Eine Bestandsaufnahme*），格哈德·库尔茨（Gerhard Kurz）、瓦莱丽·拉维奇卡（Valérie Lawitschka）与于尔根·韦特海默（Jürgen Wertheimer）编，图宾根，1995年，第105—125页。一个富有影响的例外是贝达·阿勒曼（Beda Allemann）的《荷尔德林与海德格尔》（*Hölderlin und Heidegger*），亚特兰蒂斯（Atlantis）出版社：苏黎世与弗莱堡，1954年。

[2] 马克斯·科莫雷尔（Max Kommerell）：《1919年至1944年书信与笔记》（*Briefe und Aufzeichnungen 1919-1944*），英格·延斯（Inge Jens）编，瓦尔特出版社（Walter-Verlag）：奥尔滕，1967年，第397页。

[3] 《海德格尔与妻书》，第51页。"犹太化"（Verjudung）这个概念在19世纪末已经成为反犹词汇之一。参看瓦尔特·拉特瑙（Walther Rathenau）：《听吧，以色列！》（"Höre, Israel"），收于《德国文化与犹太文化：德国犹太人中的一场争论》（*Deutschtum und Judentum. Ein Disput unter Juden aus Deutschland*），克里斯托弗·舒尔特（Christoph Schulte）编，雷克拉姆出版社（Reclam Verlag）：斯图加特，1993年，第37页："抵制对公共生活的犹太化这一目标是合理的。"拉特瑙在1897年以假名出版的文章需要得到一种更细致的阐释。

格尔对当时所谓的"犹太问题"感兴趣——尤其当"兴趣"指的是对一个特定话题的较高程度的关注。20世纪最初几十年,德国社会在文化和教育领域充满了对犹太人的明确影响的仇恨,因此国家社会主义者能够凭借其强烈的反犹主义而与普遍的社会氛围相衔接。

像许多其他的德国哲学家和诗人一样(只需要提到这几个:谢林、荷尔德林、尼采),海德格尔来自乡村。针对犹太人的"基督教式的"保留态度正发生影响。1920年海德格尔在给埃尔福丽德的一封信中写道:"这里的人们都在说,现在村子里大量的牲口被犹太人买走了……这里的农民也越来越厚脸皮而且到处充斥着犹太人和投机商人。"①这一评论没有提到宗教性的保留态度。相反,另外一种反犹的话语得到了引用:犹太人代表着金钱与资本的没有灵魂的亦即计算性的世界。

卡尔·雅斯贝尔斯在他的《哲学自传》中这样写海德格尔:"我谈到犹太人问题,谈到锡安长老会这种恶毒的胡扯,他回答说:'然而存在一种犹太人的危险的国际性联合。'"②在帝国崩溃③之后针对犹太人的仇恨取得了新的资源。《锡安长老会纪要》④产生自德雷福斯事件,该事件发生在19世纪90年代,而其根源在于这一时代的沙皇政治。这些新资源还包括反犹小说和犹太复国主义的重要

---

① 《海德格尔与妻书》,第112页。(中译参看海德格尔:《海德格尔与妻书》,第118页。——译注)
② 卡尔·雅斯贝尔斯:《哲学自传》(*Philosophische Autobiographie*),增订版,皮珀出版社(Piper-Verlag):慕尼黑,1977年,第101页。
③ 指德意志第二帝国(1871—1918)。——译注
④ 《锡安长老会纪要:现代反犹主义的伪造的基础。文本与评注》(*Die Protokolle der Weisen von Zion. Die Grundlage des moderne Antisemitismus-eine Fälschung. Text und Kommentar*),杰弗里·S.萨蒙斯(Jeffrey S. Sammons)编,沃尔斯坦出版社(Wallstein Verlag):哥廷根,1998年。关于《纪要》还可参看沃尔夫冈·本茨(Wolfgang Benz):《锡安长老会纪要:犹太世界阴谋的传说》(*Die Protokolle der Weisen von Zion. Die Legende von der jüdischen Weltverschwörung*),贝克出版社:慕尼黑,2011年。

性的提升，后者特别由1860年成立的"世界以色列联盟"（Alliance Israélite Universelle）以及随后1897年的"世界犹太复国主义组织"（Zionistischen Weltorgaisation）所推动。它们在巴塞尔的创始机构被视为《纪要》假想的发源地。《纪要》的大量传播始于"一战"。在德国《纪要》第一次出版是在1920年。

这份《纪要》的影响即便用现在的眼光看也仍然可称是令人惊奇。真正说来《纪要》不是伪造，而是虚构，它成了现代反犹主义的首要源头。希特勒起先被描述为"锡安长老的学生"[1]，这指的是他在《纪要》中获得了发展一种总体性的种族政治的灵感。阿尔弗雷德·罗森贝格（Alfred Rosenberg）对《纪要》进行了评注。汉娜·阿伦特评论说，《纪要》的"无与伦比的大众性导致的不是对犹太人的仇恨，毋宁说，是对犹太人的惊叹以及向他们进行学习的渴望"[2]。对她而言，国家社会主义者的方法是明确的："对当前犹太人统治世界的虚构构成了未来德国人统治世界的幻想的基础。"[3] 显而易见，帝国的崩溃和凡尔赛和约所显示的"可耻的和平"（Schandfriede）支撑着这样一种幻觉，即存在一种国际性的犹太阴谋，其目的是摧毁德国。海德格尔同样未能不受其影响。

哲学家未经反思地认同普遍的情绪氛围和怨恨，这对哲学家而言总是一种很特别的现象，尽管如此，在这些层面之间——对套语

---

[1] 亚历山大·施泰因（Alexander Stein）:《"锡安长老的学生"阿道夫·希特勒》（*Adolf Hitler "Schüler der Weisen von Zion"*），格拉菲亚出版社（Verlags-anstalt "Graphia"）：卡尔斯巴德，1936年。
[2] 汉娜·阿伦特:《极权统治的要素与起源：反犹主义、帝国主义、极权统治》（*Elemente und Ursprünge totaler Herrschaft. Antisemitismus, Imperialismus, Totalitarismus*），皮珀出版社：慕尼黑，第六版，1988年，第757页。（中译参看阿伦特:《极权主义的起源》，林骧华译，生活·读书·新知三联书店，2008年。——译注）
[3] 阿伦特:《极权统治的要素与起源：反犹主义、帝国主义、极权统治》，第795页。

的未经反思的接受和哲学性的反思之间——存在一个重要的区别。迄今为止得到提及的海德格尔的三段评论久为海德格尔研究界所知。它们无疑是反犹的,但在历史语境中是如此普遍以至于并未受到更多关注。在声称"哲学起源于实际的生活经验"的哲学家那里,在一种因陷于普遍的平庸性而显得不重要的私人生活与一种经过反思的哲学性生存之间的差异是不被允许的。

两个进一步的表述开启了一个更加广阔的视域。在1920年给其妻子的另一封信中海德格尔似乎抱怨起了一种不再为人所知的荷尔德林解释。它是如此"荒诞,只能惹人发笑——不知我们是否能从这污染中获得清新本色和对生活的脚踏实地——有时真想成为精神上的反犹主义者"①。在"精神上的反犹主义"的意义上,即一种显然并非建立在种族主义基础上的反犹主义的意义上,一种犹太化的"污染"与一种"生活的原初的新鲜和扎根"形成对比。考虑到这样一个事实,即海德格尔稍后以肯定的方式谈到了一种"精神上的国家社会主义","精神上的反犹主义"这个概念便值得引起我们的注意。

汉娜·阿伦特,海德格尔天赋极高的学生和情人,在1932、1933年新旧交替的某个时候在信中要求海德格尔对所谓反犹立场的"谣言"做出表态。海德格尔回答说:"如今在大学问题上是反犹的","正如十年前,而在马堡我甚至发现雅各布斯塔尔(Jacobsthal)和弗里德兰德(Friedländer)支持这样一种反犹主义"。②这一回答是在深思熟虑下做出的。承认自己在学院问题上是一个反犹主义者,不如诉诸两个犹太人的"支持"(考古学家保罗·雅各布

---

① 《海德格尔与妻书》,第116页。(中译参看海德格尔:《海德格尔与妻书》,第123页。——译注)
② 《海德格尔与阿伦特通信集》,第69页。

斯塔尔以及后来在萨克森豪森集中营关押过一段时间的古典语文学家保罗·弗里德兰德）更有说服力。

《黑皮本》中产生于1938年之后的《思索》以及直到大约1948年为止的《评注》包含着一些笔记，这些笔记将反犹主义推移到了另外一个领域。在这一领域中对问题的回答已经包含了阐释的开端，这一开端澄清了海德格尔那里涉及的是怎样一种反犹主义。这一问题似乎是无关紧要的，因为反犹主义自身呈现出了真正成问题的东西。这一点无须争论。然而在哲学中一些思想需要得到区分性的理解。不管是何种道德上或政治上的判断也总是不充分的。因此不可避免地，我们需要更为准确地考察海德格尔的反犹主义言论。

海德格尔的反犹言论全部产生于迫害、驱逐和屠杀的年代，从历史上讲即纽伦堡种族隔离法、水晶之夜、万湖会议以及接下来在奥斯维辛、比尔克瑙（Birkenau）、特雷布林卡（Treblinka）等地进行的系统性屠杀。海德格尔知道迫害和驱逐。关于大屠杀他知道或者料到些什么，这很难讲。作为富有影响力的哲学教授他认识不少后来成为士兵的学生。他自己的儿子们在东线战斗。

在海德格尔看来，在"谋制"的时代几乎所有事物都由于对世界的技术统治而被拉平了。当"德国人"和"俄国人"在为"另一开端"做准备，其他民族和文化在为"无历史性"之设立意义上的历史之"终结"效力（全集卷96，第118页）。在这一叙事中海德格尔不仅把国家社会主义和犹太文化等量齐观，犹太文化甚至径直成为国家社会主义一些特定特征的先驱。因此在水晶之夜不久后海德格尔写道："犹太人因其突出的计算天赋而业已长时间地依据种族原则'生活'，因此他们同样也最为强烈地反对对它进行无限制的运用。"（全集卷96，第56页）将"种族原则"制度化的国家社会主义乃是那样一种犹太文化的后代，这种犹太文化在海德格尔看来业已"长时间地"遵循着这种原则。① 由于这一原因犹太人"最为强烈地反对对它进行无限制的运用"，这一观点不说是无耻的也是难以令人理解的。"最为强烈地"这一最高级暗示着一种对比。然而是和谁或者什么进行对比？此外悬而未决的是，什么叫对"种族原则""无限制地运用"。海德格尔想到的是暴力吗？的确，"纽伦堡种族隔离法"在与接下来还会发生的事情的比较中可以完全被称为"无限制地运用"。

清楚的是，由犹太人和国家社会主义者推动的"种族培育的设施"不是来源于"'生命'自身"，"而是来源于通过谋制而对生命的权力掌控"。"这样一种规划"只能产生"对各民族完全的祛种族化"。这种"祛种族化"与"各民族的自我异化并行"，如此这般的自我异化意味着"历史之丧失"。海德格尔因而充分发挥了两种对立的"种族"概念。第一种被犹太人和国家社会主义者设为前提，以便实现一种技术化的培育。在海德格尔看来，它的效果是使得另外一种概念，即对"真正的""种族"的理解丧失了（参看全集卷94，第189页）。自然的、位于特定地域中的起源意义上的"真正的""种族"在哲学家看来始终是"历史性此在"的一个"必要"条件。

海德格尔认为犹太文化，准确地说"世界犹太人"，正是这样一种起源。"世界历史性的'任务'"（全集卷96，第243页）落到了这种犹太文化头上，即"完全无所约束地将一切存在者从存在那里拔根而出"。哲学家想要以此表明，"对世界性犹太人的追问不是种族式的"，而是"形而上学式的"。分派一个"世界历史性的'任务'"

---

① 海德格尔可能想到的是在犹太文化中通行的母系制度，根据这种制度对犹太的归属以母亲的宗族脉络为准。

（这个说法很容易让人想到黑格尔的历史哲学）对于"世界性犹太人"而言具有决定性的意义——且不论海德格尔本人时常指出，"种族原则"与"形而上学"绝不相互排斥。当"世界犹太人"（海德格尔显然相信它的存在）无法指向一种民族的或者文化上的特性时，它似乎注定代表着那样一种普泛化过程中的"谋制"及其"拔根"作用，这种在理论和实践上对思想和生活定向进行的普泛化以消除民族同一性为目标。《锡安长老会纪要》声称，"世界犹太人"在一种秘密的统治世界的阴谋（Weltverschwörung）中追逐着这一目标。 98

在1942年前后，即奥斯维辛开始对犹太人进行工业式大屠杀之际，海德格尔写下了他直接谈论犹太人的最后笔记。"犹太性"（Judenschaft）（马丁·布伯也使用过这一表达）"在基督教西方的时期也就是形而上学的时期中"是"毁灭的原则"（全集卷97，第20页）。凭借这一象征性的表达，海德格尔采纳了听上去相似的、在反犹主义的历史中相关的措辞。[①]"毁灭"在于"对形而上学——通过马克思对黑格尔的形而上学——之完成的翻转"。犹太人马克思成为了"毁灭的原则"的主要代表。因为在马克思主义那里"精神与文化成为了'生命'的上层建筑，而'生命'即经济，即组织，即生物性的东西，即'民族'"。海德格尔再次实施了加害者与受害者之间关系的敉平与颠倒，这种关系在对犹太人的迫害、驱逐与灭绝中得到见证。历史事件的"形而上学"前提被转嫁到了犹太人自身那里。当迫害犹太人的原因全部都是物质性的（经济学，种族和民

---

① 希特勒提到"犹太人的摧毁性原则"。参看阿道夫·希特勒：《我的奋斗》（二卷合一），第815至820版，艾赫出版社（Franz Eher Nachfolge GmbH）：慕尼黑，1943年，第498页。蒙森塑造了一个富有影响的表达，即犹太文化是"世界主义和民族解体的强有力的酵素"。参看泰奥多尔·蒙森（Theodor Mommsen）：《罗马史》（*Römische Geschichte*），第三卷，猎人出版社（Weidmann）：柏林，第八版，1889年，第550页。

族），那么犹太人自己就不得不为迫害负责。因为这样一种"毁灭的原则"是由马克思带入"存在之历史"的。

从这样一种对历史进程的阐释中得出了最特别、最令人无措的想法，即对犹太人的灭绝是一种"自我灭绝"。海德格尔在此将"形而上学意义上的本质性的'犹太性'"（全集卷97，第20页），即马克思的"毁灭的原则"，完全等同于"谋制"。当这种"本质性的'犹太性'"对抗着"犹太性"，"自我灭绝在历史中就达到了顶点"。然而这却以"本质性的'犹太性'"即"谋制"的总体化为前提。因为历史的这一节点一旦达到，任何一种反向运动都只是被理解为"自我灭绝"。诚然，作为"谋制"的"本质性的'犹太性'"的总体化的思想只有在那样一种背景中才有可能，这种背景即对实际的历史进行一种邪恶的戏剧化处理。海德格尔断言，"行星的战争"趋向这样一个事件，在这一事件中灭绝行为变得如此具有总体性以至于它只还能触及自己本身。当这种思想只有在对战争的神秘性理解中才有可能时，海德格尔将犹太大屠杀（Shoah）解释为犹太文化的"自我灭绝"就不同于单纯的哲学错误了。在这样一种阐释中，海德格尔趋近于"对令人惊恐之物的赞同"[①]。海德格尔本人不是谈到了对国家社会主义的"认同的必然性"吗？

在对犹太人所有或直接或间接的评论中，海德格尔只有一次使用了"反犹主义"这个概念。在20世纪30年代末的一则笔记中，海德格尔确认说，"'预言'"乃是"对历史之命运性的东西进行抵御的技术"。它是"权力意志的工具"。"大预言家"乃是"犹太人"；"这是一个事实，这个事实的秘密尚未得到思考"。随后他补充说：

[①] 伊曼纽尔·列维纳斯：《恶魔促人思考》（"Das Diabolische gibt zu denken"），收于《对海德格尔的争论》（ Die Heidegger-Kontroverse），于尔格·阿尔特韦格（Jürg Altwegg）编，雅典娜神殿出版社（Athenäum Verlag）：美茵法兰克福，1988年，第104页。

（给蠢驴们的说明：这里的评论与"反犹主义"毫无干系。反犹主义是如此愚蠢和卑鄙，就像基督教针对"异教"所采取的血腥的、首先是不流血的措施。就连基督教也指责反犹主义是"非基督教的"，这一事实表明了权力技术的狡计的高度发展 [Ausbildung der Raffinesse seiner Machttechnik]。）（全集卷97，第159页）

海德格尔再一次重复了在其反犹表达中一贯保持的思想形象。海德格尔何以谈到"预言"的概念或者事情？也许有一种历史的动机？正是希特勒在演说中经常将自己称为"预言家"，包括臭名昭著的1939年1月30日国会演说，在这一演说中他宣布了"对欧洲的犹太种族的灭绝"[①]。当海德格尔把"'预言'"的特征刻画为"权力意志的工具"，他可能想到的正是这一演说和希特勒的戏剧化安排。然而他补充说"大预言家"乃是"犹太人"（海德格尔用的是现在时），希特勒仿佛就此成了一个"犹太人"。因此宣布"对欧洲的犹太种族的灭绝"是从一个"犹太人"的嘴里说出来的。

这种灾难性的构想与"反犹主义"毫无干系，这一声明无非是一种海德格尔试图用软弱无力的论证来支持的声明。显然他认为，反犹主义首先是基督教的事务。就像基督教与"异教"做斗争，它

[①] 参看马克斯·多马鲁斯（Max Domarus）：《希特勒1932年至1945年演说与公告》（*Hitler. Reden und Proklamationen 1932-1945*）（第二卷，沦落，1939年至1940年，上册），南德出版社（Süddeutscher Verlag）：慕尼黑，1965年，第1328页。在那里希特勒说："在一生中我经常成为一个预言家并且大部分时候被人嘲笑。在我为权力而奋斗的时期，首先是犹太民族对我的预言仅仅报以大笑，有朝一日我将在德国接过对这个国家以及整个民族的领导权并随后解决包括犹太人问题在内的诸多问题。我相信，对于德国的犹太文化而言，当时那响亮的大笑声此间大概已经被扼杀在了喉咙里。如今我愿意再次成为一个预言家：如果在欧洲之中和之外的国际性金融犹太圈（Finanzjudentum）成功地再一次将诸民族推入世界大战，那么其结果将不是地球的布尔什维克化以及随之而来的犹太文化的胜利，而是对欧洲的犹太种族的灭绝。"

似乎必定对犹太教发起攻击。但是许多基督徒断然拒绝了国家社会主义者的反犹主义，海德格尔把这一点仅仅理解为一种"[基督教的]权力技术的狡计"。如果反犹主义仅仅是基督教的一个标志，那么海德格尔的笔记就不能归为是反犹主义的。然而着眼于对犹太人的迫害、驱逐和灭绝的历史事件，这样一种还原方式是完全荒谬的。国家社会主义者的反犹主义从总体上看其动因并不是基督教式的。

在海德格尔的"存在历史"叙事中，"世界犹太人"扮演着"谋制"亦即"技术"的核心代表的角色。它有能力"完全无所约束地将一切存在者从存在那里拔根而出"。它由此代表着"毁灭的原则"。"拔了根的""存在者"的世界就是现代的世界，一种迁移不定的、普泛的生活风格的世界，这种生活风格不仅抛弃了处于其"家园"中的共同体可加以概观的生活关系的可能性，而且将这种可能毁灭了。正是"犹太人"代表着这样一种与"资本的力量"联系在一起的迁移不定的、普泛的生活方式；这是现代反犹主义的固定套语，它以典型的方式在《锡安长老会纪要》中表达出来。

问题在于，这样一种思想与海德格尔的整个哲学处于何种关系。人们业已知道的是，这些思想的出版激起了一些声音，这些声音要求对海德格尔的思想加以诅咒并将其驱逐出哲学的领域（参看"影响"一章）。海德格尔的思想因而仅仅被视为"将国家社会主义引入哲学"（伊曼纽尔·法雅［Emmanuel Faye］）。然而这个问题并非如此简单。

尽管海德格尔有关犹太人的"哲学"笔记几乎全部限制在《黑皮本》中，将这个问题单单集中在这些海德格尔本人极为重视①的文

---

① 海德格尔：《一种危险的迷误》，第11页："在事后追思中我们必须学习懂得的是，[全集——作者注] 第四部分试图呈现这几十年间所得到恩赐的道路途中的决定性的东西：亦即在'关于人道主义的书信'中被解说为'下降到'思想之'贫困'中的东西，但绝不是已经达到了：一个仿佛是缺乏形态的存在之道说……"着重号由我标示。

本上的做法是不可能的。因为这些文本深刻地记录在"存在之历史"的叙事中。与此同时，也不可能在思想家所有的文字中去寻找与辨认其表达中的反犹基底。为什么？法国哲学家保罗·利科在另一个语境中曾提到过"怀疑的解释学"①。根据"这一怀疑的解释学"可以假定，文本会受到一些先行立场的规定，这些立场在文本本身当中并未得到显示。在利科看来，海德格尔本人就是这样一个阐释者，他在哲学著作中发现了一种向着"形而上学"的沉沦，而那些著作的作者并未意识到这一点。这绝不意味着，这种解释学不会导向有趣的结论。恰恰相反，海德格尔将欧洲哲学解读为一种僵持在"形而上学"中的"遗忘了存在"的思想能够成为一种观察哲学的可能视角。但这种解读恰恰不能摒弃其作为一种仅仅是可能的阐释的身位。在这一意义上，在反犹主义的历史以及海德格尔纠葛于其中的背景下对《存在与时间》进行解释是完全可能的。然而不可能的事情是，就此确然断言，《存在与时间》就像希特勒的《我的奋斗》一样是一部反犹著作。

因此，海德格尔首先在《黑皮本》中出现的有关"世界犹太人"的言论不能转移到海德格尔的全部思想上。但是这些言论引起了一种"怀疑"，它必定搅扰着对海德格尔的研究。海德格尔的哲思陷入了可怕的歧路，这些歧路包含在这一思想的运动之中。谁认为他能够在不追踪这些歧路的同时来面对这一思想，谁就无法进行一种严肃认真的解释。

---

① 参看保罗·利科：《阐释：试论弗洛伊德》（*Die Interpretation. Ein Versuch über Freud*），舒尔坎普出版社；美茵法兰克福，1974年，第41页以下。"怀疑的解释学"在此的语境是精神分析。马克思和尼采同样是"怀疑的大师"。

"本有"的结构

本有居有。(全集卷65,第349页)①

人们能够以简化的方式说,在所有政治的、意识形态的纠葛的背景下,对"存在之意义"的追问作为对"此在"的"时间性"与"历史性"的诠释在20世纪30年代初一直持续着。而在一种运动之中——人们简单化地把这一运动称为"回转"——这些本质性概念的整体位置关系发生了改变。《存在与时间》中的"此在分析论"成了一种"存在之思",在这种"存在之思"中得到考察的不再是"此在之历史性",而是"存在之历史性"。然而,海德格尔并没有以抽象的方式把"存在之历史"作为一种特定的历史理解的理论来进行筹划,相反,"存在之历史"自身处于同实际发生着的历史的联系中。"存在之历史"的思想本身只有在那样一个历史的时间点上才变得可能,在这个点上观入"存在之历史"的洞见由这种历史本身而来发生了。②"存在之思"本身必然是"存在之历史"的一个要素。呈现了这一思想运动的核心概念乃是"本有"。

---

① 原文为Das Ereignis ereignet,是一个名词、动词形式相同的同语反复的表达,也可译为"本有本有着""本有本有发生"。中译参看海德格尔:《哲学论稿》,第371页。——译注
② 列奥·施特劳斯:《自然权利与历史》(*Naturrecht und Geschichte*),舒尔坎普出版社:美茵法兰克福,1977年,第30页:"对于一切思想的历史性特征的终极的、无可改变的洞见,只有当它对于作为人的人并且原则上对于所有时间都可以通达之际,这种洞见才能够超越历史。但如果它本质上乃是属于某一特定的历史情形的,它就不能超越历史。它属于某一特定的历史情形:那一情形不仅是历史性洞见的条件,而且也是其源泉。"(中译参看施特劳斯:《自然权利与历史》,彭刚译,生活·读书·新知三联书店,2003年,第29页,译文不同。——译注)没有人像施特劳斯这样如此清晰地认识到海德格尔与"历史"的关系。海德格尔观入"存在之历史"的"洞见"本身是一个"天命",即这种"洞见"归属于海德格尔必须自己赋予自己的叙事性的自身理解。只有一个"德国人"能够恰恰在这个地点这个时间获得观入"历史"的这一"洞见"。

与《存在与时间》相对，1989年首次公开出版的《哲学论稿（来自本有）》呈现了海德格尔思想中最重要的概念群组的改变。这个文本被大多数研究者和读者视为海德格尔的"第二部代表作"。在这个文本中我们能够看到，海德格尔的思想在《存在与时间》之后必须保留哪一条或者哪一些道路，以便达到如此这般得到修正的计划。

粗略言之，对于"存在之意义"问题，或者用现在的话来表达，对于"存有之意义"问题，《哲学论稿》不再经由对"此在"的"分析"这条通道来通达。《哲学论稿》要求"不从存在者出发"，不把"别具一格的存在者""此在"当作朝向真正的主题"存在"的跳板，"而是径直来思考在其本现中的存有本身"（全集卷65，第429页）①。海德格尔将这样一种思想命名为"存有的启–思"②，它具有"尝试"（全集卷65，第8页）的特征，作为"学说"（全集卷65，第7页）它只会遭到误解。如果人们想要从《哲学论稿》中教条性地萃取出海德格尔哲学的主要观念，那只会错失这一思想的异乎寻常的特质。然而，《哲学论稿》也不是没有特定要求的单纯的试验场。

《存在与时间》的"基础存在论"的基本结构乃是"存在"与"存在者"之间的"存在论差异"。"存在论差异"标出了两个极点，"存在之意义"问题就活动于两极之间。"存在论差异"的出发点是"存在"与"存在者"的环形奠基关系。要认识"存在者"必定"总是已经"理解了"存在"。要澄清"存在之意义"，"存在者"必定作为如此这般的"存在者"得到考察。要澄清什么是"存在者"，可

---

① 参看海德格尔:《哲学论稿》，第452页。——译注
② 启思（即开启之思）原文为er-denken，若无连字符在日常德语中意为"臆想""构想"。中译参看海德格尔:《哲学论稿》，第7页。——译注

能要去考察"存在之意义"。然而海德格尔认识到，这样一种"翻转"并不能实现考察"存在自身"的真正意图。对"存在论差异"的单纯"翻转"停留在一种思维图式中，这一图式——尽管这样一种立场有诸多合理之处——阻碍了迈向"存有"的决定性步伐。

在《哲学论稿》中，海德格尔强调，现在要致力于一种完全不同的思想"筹划"，以便到达"那处于存在者与存在的区分之外的地方"。这是"存在（Sein）现在也被写作'存有'（Seyn）"的理由。这表明，"存在在此再也不是在形而上学上被思考的"（全集卷65，第436页）①。"形而上学""毫无疑虑地"被海德格尔"用于表示整个传统哲学史"的"名称"（全集卷65，第423页）②。在如此这般对"存在者与存在的区分"未经反思的思想图式之内，形而上学总是只能将"存在自身"思考为"存在者"的一般本质，思考为"存在状态"（Seiendheit）或者"先天"（Apriori）。而"存有"在《哲学论稿》中应以一种不同的方式得到谈论。

一个简洁而又反复出现的声明表达出了海德格尔对《存在与时间》中思想的一种本质性修正："存在问题乃是存有之真理的问题。"（全集卷65，第6页）③在《存在与时间》中海德格尔已经能够表明，将真理当成逻辑相即性（logische Adäquation）或思想与实事之间的符合的传统理解，在多大程度上以一种更为原初的真理理解作为前提同时却又将其遗忘。对"存在者"做出正确或错误陈述的可能性有一前提，即"存在者"首先一般地能够显现出来。表示真理的希腊词 *alétheia* 包含着这种可能性，海德格尔在一定程度上按

---

① 参看海德格尔：《哲学论稿》，第460页。——译注
② 参看海德格尔：《哲学论稿》，第446页。——译注
③ 参看海德格尔：《哲学论稿》，第6页。——译注

照字面译之以"无蔽状态"(Unverborgenheit)。"形而上学"的传统思想从"逻辑"的优先地位出发将真理仅仅把握为陈述的正确性(Aussagerichtigkeit),而没有看到,这样一种见解在多大程度上建基于作为"无蔽状态"的真理理解。如今在《哲学论稿》中提出的"存有之真理的问题"不再把真理理解为"陈述的真理",而是原初地理解为"真理"自身的具有存在性质的发生。如此得到理解的"真理"就与"存有"本身相同一:"真理的本质在于,作为存有之真实者而本现,因而成为真实者在存在者中间的庇护(Bergung)的本源,而由此庇护,存在者才成为存在着的。"(全集卷65,第348页)①"真理"不再被领会为正确或错误之判断的某种准则。相反,它源自"存有"自身。它"本质现身着"并在这种"本质现身"中成为"真实者"即"存在者"的本源。"存在者"由此能够显示出它从"存有"而来的起源。

"此在"由一种"决心"得到描述,在这种决心里它对自己变得透明可见,而其他"存在者"也"在光明中得以通达"(全集卷2,第177页)②,因此之故,海德格尔在《存在与时间》中将其称为"澄明"(Lichtung)。随着1930年所作的演讲《论真理的本质》,这种思想转变为这样一种含义:这种"澄明"就是真理或者说"无蔽状态"(alétheia)。在《哲学论稿》中海德格尔提请我们注意,"存有之真理"不再仅仅是"对遮蔽者的消除并且把它开放出来,把它转变为无蔽者,而恰恰是指对离基深渊般的基础的建基(die Gründung des abgründigen Grundes),这个基础是为遮蔽的(有所踌躇的拒绝)。"

---

① 参看海德格尔:《哲学论稿》,第370页,译文略异。——译注
② 参看海德格尔《存在与时间》(中文修订第二版),第189页。——译注

(全集卷65，第352页)①作为"遮蔽之澄明"的"存有之真理"的概念，使得这样一回事成为可能，"恰恰"在真理的"本质"（Wesen）或者"本质现身"（Wesung）中把握遮掩与伪装，这种遮掩与伪装必须不被视为是"存在者"的特征，而是"存有"本身的特征。

理解海德格尔为何在其真理理解中如此强调遮蔽维度，这一点极为重要。所有显现而出的东西从不完全显示自身。这一点在不言而喻的事物上直接得到表现。比如说对于可感知的物体，我们总是首先只看到朝向我们的那一面。一个关着的柜子的背面或者内部对我们的感知来说是隐藏着的。胡塞尔已把这种现象称为"映射"（Abschattung）。不过在其对遮蔽的阐明上，海德格尔超出了物之显现的这种特征。这不仅是对我们感知来说保持隐藏的物或"存在者"的环节，就遮蔽这件事而言，还涉及"存在者"在其中进入显现的那一维度本身的退隐。令物显现的"澄明"是自行"遮蔽"的东西本身。不仅对显现着的物来说，而且对物在其中显现的维度"澄明"来说，"遮蔽"自始至终参与其中。只要我们想要去理解在某种程度上可以说"完全的真理"，我们就不能片面地只将其把握为"澄明"，而必须将其把握为"遮蔽之澄明"，把握为一种认识的边界对其具有决定作用的积极的认识可能性。换言之，一种只关注自身显示的"存在者"而不顾及作为"存在者"之来源的、自身并不显示的"存有"的思想，无法与"存有之真理"相应。

与此相关的是《哲学论稿》中所显露出来的思想，即在"遮蔽之澄明"中显现与遮掩的共同游戏②的基础上，"存有之真理"自行退隐，并因而能够在历史时代中释放出来，这种历史时代由"存有"

---

① 参看海德格尔：《哲学论稿》，第374、375页。——译注
② Zusammenspiel，德语日常意为"和谐"。——译注

的丧失——"存有之离弃状态"（Seynsverlassenheit）——所塑造。这意味着："这种存有之真理根本不是什么与存有不同的东西，而是存有最本己的本质现身。因此，存有是赠送这种真理和自身，还是拒绝这种真理和自身，因而首先本真地进入其历史中而带来离基深渊般的东西（Abgründige），这一点取决于存有之历史。"（全集卷65，第93页）①为了不对《哲学论稿》形成误解，我们必须不把这种"真理"的"拒不给予"（Verweigerung）视为一种亏空。"真理"的"踌躇着的拒绝"（zögernde Versagung）是"存有"的一种积极特征，在历史中，这种特征作为"无基础之物"才使人的各种弯路与歧路成为可能。因为如果人类总是已经把握住了一切，我们就无法理解，人类的历史如何会具有灾难的特征。

因此，在《哲学论稿》中，海德格尔在如下"基本经验"的语境中进行了哲学思考："存有"的"拒不给予"表现为"存在者"即对象性事物及其工具性处理方式的独有的优先地位。"存有"与"存在者"的关系的完整性仿佛正起着作用。一切事物，自然的抑或被制作的，可能只不过从利用与消耗的角度得到看待。人类本身只还把自己理解为一种"技术化的动物"（全集卷65，第98页）。在这种"存有之本质现身"中，一切"存在者"都唯独从"制作"（Machen）或"可制作性"（Machbarkeit）方面得到理解，因而哲学家本人将其称为"谋制"（Machenschaft）。"存有的启-思"的要求在于，澄清这种令"存在者"荒芜的交道方式，以便对此加以驳斥。这有待于使"任务：从存有之真理而来把存在者带回来"（全集卷65，第11页）②得以可能，从而在哲学层面抵抗人对事物和自身的毁灭性交道

---

① 参看海德格尔：《哲学论稿》，第101页。——译注
② 参看海德格尔：《哲学论稿》，第12页。——译注

方式。在海德格尔看来，这样一种抵抗并不使我们可以开出一种改善世界的"乌托邦"处方，而是让"存有"之"拒不给予"有朝一日作为如此这般的"拒不给予"进入语言并因而成为"可经验的"。国家社会主义的国家的现实参与了这种历史诊断，虽然这并非唯一的因素。当国家社会主义开始在技术和经济上对德国进行军事扩充，海德格尔也开始将国家社会主义（荒谬的是，跟"犹太人统治世界的阴谋"一样）视为"谋制"的一个代表。

这种对"历史"的"基本经验"，亦即世界总是愈发陷入四分五裂的状态①，海德格尔将其描述为"困迫"（Not）。"困迫"乃是一种状态，我们在这种状态中对某种被"拒不给予"我们的东西有所需求。如果用《存在与时间》的概念，这种"困迫"可以被理解为"此在"的一种"存在方式"。在海德格尔看来，当前时代的人的行为举止与此相反呈现出"无困迫性"（Notlosigkeit）。"无困迫性"在于"对可利用和可享用的东西的不断供给，在于通过进步而得以增加的已然现成的东西"（全集卷65，第113页）②。源自"存有之真理"的"拒不给予"的"迫使作用"（Nötigung）③受到日常的"无困迫性"的阻碍。这样一种"无困迫性"回避了任何一种不以"已然现成的东西"的统治为导向的思想，于是这种处于满足中的状况本身必须被理解为"困迫"。对于那些想要超越当前业已设立起来的那些条件，并且超出社会和政治条件去进行思想的人来说，经验"无困迫性之困迫"，经验它的"袭击"（全集卷65，第113页）至关重要。于是"无困迫性之困迫"转变为一种"迫使"，"迫使"人们思考被当

---

① aus den Fugen gerät，德语日常意为"四分五裂""乱了套"，此处涉及海德格尔对"Fuge"（裂隙、接缝、赋格）的思考，参看海德格尔：《林中路》，第403页译注。——译注
② 参看海德格尔：《哲学论稿》，第119页。——译注
③ 此词与Not有词源关系，表示存在对人的一种强制性劝说和要求。——译注

前时代所"拒绝了的东西"。当我们理解了,什么东西经由一种或潜在或现实的总体化——这种总体化包含于官僚化和技术化的趋势中——而被"拒绝"给予我们时,"困迫"就会借助将我们攫住的"恐惧"而使得"另一开端"的可能性得以出现。就此而言,"困迫"乃是海德格尔思想的首要推动力之一。

在这样一个"谋制"时代,一种特别的使命落到了"此在"身上(海德格尔如今常常写作"此-在")。我们已经指出,早在《存在与时间》中"此在"就已不能简单地和人相等同,相反,它毋宁被理解为人最原初的存在可能性。在《哲学论稿》中人被投射到"存在之历史"上,"人"与"此在"之间的这种区分由此变得更为明晰。传统上——对海德格尔而言这总是意味着"形而上学的"—— 对"人"这种生物的规定乃是"理性动物"(animal rationale)。自柏拉图和亚里士多德以来,大哲学家都把人解释为介于感性和超感性之间的生命体。人和动物一样拥有一个有着诸种感性需求的躯体,而和动物的不同之处在于,他具有"语言"或者"理性"(lógos),带着它们转向超感性之物,转向"观念"。与此相应,亚里士多德将人规定为具有语言的动物(zôon lógon échon)。自笛卡尔式的"思想"(res cogitans)与"广延"(res extensa)的实体二元论以来,这一解释在近代得到了加强。而海德格尔反对人作为一种"理性动物"的规定,提出了"此-在"一说。

海德格尔并不把这种反对理解为某种个人的想法。他的观点毋宁是,"理性动物"朝向"此-在"的"转变"是从"历史"而来自行得到预示的。在"存有之真理"的"拒不给予"中,朝向这样一种自身之"转变"的可能性显示了出来。而且,"拒不给予"进一步显现为一种任务,一种"指派"(Zuweisung),指派着对"此-在"

进行"建基"(全集卷65，第247页)。这样一种"理性动物"朝向"此-在"的"转变"的思想见证着海德格尔思想对于欧洲哲学的归属，欧洲哲学最晚自柏拉图以降就把"人"始终把握为一种首先需要有所塑造的"存在者"。如其所曾是之"人"应当持续地受到一种来临中的"人"的克服。对人的一种"革命性的"见解处于欧洲思想的中心。人乃是一种总是必须首先得到"塑造"的动物。

"此-在"之"建基"的思想表明，"此-在"如今既不能被理解为一种现成的东西，也不能被理解为一种"总是已经"摆在眼前的生存可能性。"建基"（Gründung）概念诚然容易使人想到"此-在"的一种意愿性行为，然而海德格尔的理解与此不同。"建基"是从"存有之真理"的"拒不给予"中而来被"指派"或者说被"传送"（zuspielen）给"此-在"的。一方面"此-在"能够进行"建基"，另一方面，这种"建基"又被提供给他。因此，在海德格尔看来，"此-在"之"建基"毋宁说是某种"听天由命"（Sich-fügen）①（全集卷65，第310页）。此处显示出海德格尔思想的一种特殊的基本运动，这种基本运动直到今天还始终具有生发力。"此-在"的行动能力（Handelnkönnen）在海德格尔那里不再被视为一种自身指涉的"自发性"（Spontaneität）的主体性能力，而被阐释为一种介于要求与回应之间的行为举止。海德格尔思想的基本运动因而可以被称为"响应性的"（responsiv）②。思想的诸要素不再只是个体性地、孤

---

① Sichfügen 的字面意思为"自行接合"，与海德格尔有关 Fuge（赋格、接缝）的思想相关，指向一种结构性关系，带有一定被动性暗示。——译注
② 参看伯恩哈德·瓦尔登菲尔斯（Bernhard Waldenfels）的"响应"（Responsivität）现象学:《关于应答的索引》（Antwortregister），舒尔坎普出版社：美茵法兰克福，1994年。海德格尔思想的"响应式的"基本结构必须同"本有的神话-逻各斯"一道得到思考。海德格尔哲学的叙事是——在其自我理解中——"响应式的"。最终得到讲述的是"存在之音"（全集卷54，第250页），这种声音当然无法在清晰而分明的概念中得到呈报。

立地矗立在那里，相反，这些要素只还能够从一种"关-系"（Ver-Hältnis）（全集卷86，第471页）而来得到理解。这些要素中的某一个要素的任何一种单个运动都"应合"于另一个要素。每一个运动都"需用着"（braucht）①它在其面前并且朝向于它才能够自行发生的另一个要素。

这一"存有之真理"的"拒不给予"的发生，以及从中产生的一种"移离到存有之真理中去"（Entrückung in die Wahrheit des Seyns）②的可能性，海德格尔称之为"本有"（Ereignis）。在这个词语里，"本己之物"（Eigenen）的含义以及与这一名词相联系的动词"本己化"（eignen）起着一种虽不是独一无二，却必定是支撑性的作用。"本有"一词对海德格尔而言是一个单数名词，它因其"独一无二"而仅仅作为单数得到使用。这个词在日常语言中通常以反身形式"sich Ereignen"出现，海德格尔却将其理解为及物动词："本有居有"（Das "Ereignis ereignet"）（全集卷65，第349页）。在此需要去追问，居有什么？答曰：居有着人而使其成为"此-在"。

将人"转化"而进入到"此-在"之中被理解为"进入到-本己之物-中"（Ins-Eigene-Kommen）。为了在其结构中把握这一发生，必须看到，"本有"以及被"居有"的事物并不被理解为一个似乎在引拽着"主体"的"客体"。"本有"，或者如海德格尔使用的另一个说法，"存有"，处于两种要素的一种共同作用之中，这两种要素通过这种共同作用才首先成为其"本真"之所是。

---

① 这里的翻译同时取"需要"和"使用"的含义。——译注
② entrücken的日常意为"使脱离，使离开；使出神，使入迷"，字面上由表示脱弃意思的ent加rücken（移动）构成。中译说明可参看《哲学论稿》中译本"附录一"，第562页以下。——译注

这种共同作用的运动过程在相互"需用"的基本结构中重现。在对被海德格尔称为"拒不给予"或者"踌躇着的拒绝"的"困迫"的"基本经验"中,有着一种对人的呼吁,一种人需要有所应答的初始的"呼唤"(Zuruf)。在"困迫"中,人为了扭转这种"困迫"所"需用"的东西将它自己判归给人。一旦一方与另一方进入到一种关系中,"本有"的自身内含区分的统一性就随之出现了。

这种互相性的中心或者枢轴乃是"回转"(Kehre)(全集卷65,第407页)。用一种十分独特、有时竟至不自然的语言,《哲学论稿》道出了如下一番话:

> 这种原始的本有中的回转是什么呢?唯有存有之突发作为"此"之本有过程(Ereignung),才能把此-在(Da-sein)带向它本身,并且因而把此-在带向那种内立地被建基的真理的实行(即庇护)——这种真理被建基于存在者之中,而这个存在者在此(Da)之澄明的遮蔽中找到了自己的场所。(全集卷65,第407页)①

"本有"的"响应性的"(用海德格尔的话说是"回转式的"[kehrig])结构在于,"此-在"由"存有之真理"而来被带向("居-有")自己本身,以便"存有之真理"同时且相反地在它的"此"之中令到来(令"居-有")。"此-在"应答着通过这种应答才首先成为"本有"的"本有"。海德格尔还把内在于"本有"的运动称为"需用与归属的相互摆动(Gegenschwung)"(全集卷65,第251页)②。

---

① 参看海德格尔:《哲学论稿》,第432页,译文略异。——译注
② 参看海德格尔:《哲学论稿》,第264页,译文略异。——译注

这种处于"此-在"与"存有"的关系之("响应性的")结构中的"回转"经常被解说为海德格尔思想的枢轴，人们可以就此去谈论"回转"之"前"与之"后"的思想。在海德格尔《存在与时间》之后的思想中，人们肯定可以确认一种结构性翻转。然而单单把"回转"和这种结构变化等同起来就错失了事情本身。海德格尔的哲学并非一种在"回转"之"前"或者之"后"的思想，毋宁说，它处于"回转"之"中"。这种哲学始终关心一个点，在这个点上某种东西——"生存""历史""真理""世界"等等——自行调转。在这种翻转与变动中同样会出现突然的断裂，而海德格尔毋宁试着去掩盖——比如在其政治迷途的情况那里——这些断裂。

"本有"之思的困难以及受到误解的地方在于这样一个问题，在这种"存在历史的"秩序中"否定性"环节具有何种意义？在"本有"中事关宏旨的是否是，"存在之历史"被移置到各个"本己之物"和"本真之物"的状态中，这种状态在一种"实际"发生着的"存有之真理"中远离了现代的损害与异化？若如是，这就会像基督教式的再临即基督的重返那样一种以神学方式得到规定的发生事件。抑或，"踌躇着的拒绝"即"存有之真理"的"拒不给予"乃是"本有"的基本特征，因而"本有"所具有的"敞开性"不能作为一种不受污染的"存在之纯净态"（参看全集卷96，第238页），而要作为一种包含着"否定"的"自由"来思考。从这一角度看，在此可能呈现出一种对历史过程进行叙事的崭新形式，比如有关革命的叙事。

此外，我们还必须补充对于"本有"之思而言的有关"另一开端"（全集卷65，第4页）的状况的追问（这一追问在此被排除了）。这一思想由此迫不得已地处于那种"元政治学"的语境中，这种"元政治学"是海德格尔在1933年作为对"国家革命"的回应而尝试开展的。即便"另一开端"这一思想形象能够脱离这一语境,它也必须在其革命哲学的要求(revolutionsphilosophischen Anspruch)中再次得到检验。某种像"另一开端"这样的东西究竟是否能够存在?难道不是在人们对它能够有所认识之前,"开端"就"总已经"发生了吗?我们也可以换一种方式提问:"开端"难道不"总已经"是一种"回应"?

艺术和"世界与大地的争执"

海德格尔20世纪30年代中期的演讲《艺术作品的本源》以神秘的方式用荷尔德林的诗句来结尾:"依于本源而居者/终难离弃原位。"此前,海德格尔把艺术规定为"真理之设置-入-作品"(Ins-Werk-Setzen der Wahrheit)(《本源》,第65页),即将"真理""庇护"(Bergung)(全集卷65,第389页)入"作品"之中,而"真理"此间"同时"是"设置的主体与客体"。这样一种"真理之设置-入-作品"需要始终作为"开端"得到理解。清楚的是,演讲的最后一个部分属于"历史性民族'之'元政治学"。另一方面,演讲还宣告出一种海德格尔直到其思想的最晚期阶段都还在探究的艺术见解。

1969年,海德格尔写道:"雕塑"乃是"对诸位置的体现(Verkörperung)","诸位置开启一个地带并且持留之,把一种开放域(ein Freies)聚集在自身周围"(全集卷13,第208页)[①]。三十多年前,

---

[①] 参看海德格尔:《从思想的经验而来》,第216页。——译注
关于"雕塑"与"位置"的关系参看安德鲁·米切尔(Andrew Mitchell)那本十分美妙的书《雕塑家中间的海德格尔:身体、空间与居住的艺术》(*Heidegger Among the Sculptors: Body, Space, and the Art of Dwelling*),斯坦福:斯坦福大学出版社,2010年。

海德格尔在《艺术作品的本源》的演讲中描写了一座"希腊神庙"(《本源》，第3页）以及凡·高有关"一双农鞋"(《本源》，第3页）的绘画。如果"神庙"与"农鞋""体现了""诸位置"，随着这些"位置""真理设置入作品"，而"神庙"与"农鞋"能够在"历史性民族'之'元政治学"之外以其方式展现"本源"或者"开端"，情况又会如何？

然而，在海德格尔看来艺术作品乃是特殊方式的"位置"。在后来对"艺术与空间"的探讨中，海德格尔认为"雕塑"，即雕塑而出的物体，能够标记出一个"地带"，令一个"开放域"得到经验。这一"地带""开放域"同样可以被理解为"大地"与"世界"。就像在演讲《艺术作品的本源》中那样，艺术作品显现为"世界与大地的争执"(《本源》，第50页）。

如海德格尔在《存在与时间》中所言，"此在"最重要的"生存论规定"之一是"在-世界-之中-存在"。"此在""根据它本身的一种存在方式，倾向于从它本质上不断地和最切近地与之有所交涉的那种存在者（dem Seienden）方面来理解本己的存在"（全集卷2，第21、22页）[①]。这便是"世界"。

既然"此在"具有这一"倾向"，对于"基础存在论"而言，有必要引进一种同时为"此在"提供基础的"世界一般之世界性"(Weltlichkeit von Welt überhaupt）的"存在论概念"（全集卷2，第86页）[②]。一种特别的"多义性"属于"世界"这一"生存论环节"(Existenzial）。这一"多义性"分属于四种不同的"世界"概念。第一种展现了"存在者层次上的"(ontische）,指的是作为"能够现成

[①] 参看海德格尔：《存在与时间》（中文修订第二版），第23页。——译注
[②] 参看海德格尔：《存在与时间》（中文修订第二版），第92页。——译注

存在于世界之内的存在者之总体"的"世界"的物性规定。第二种表明了"世界"的"存在论"规定,即"总是包括形形色色的存在者在内的一个范围的名称"。第三种"世界"概念则意谓"一个实际上的此在作为此在'生活''在其中'的"世界(全集卷2,第87页)①。最后的第四种意思乃是将"世界"作为"世界性"来把握。按照《存在与时间》分析"世界一般之世界性"的意图,首先进入视野的是第三种"世界"概念。而在第三种概念没有得到考察的地方则是第一种概念在引导研究。

"实际的此在'生活''在其中'的"环境即此在的"周围世界"(Umwelt)(全集卷2,第89页)②。在周围世界中关乎"此在"的乃是对于"用具"(全集卷2,第92页)③的"带有周围世界性质的操劳"(全集卷2,第90页)④。每种"用具"通过各自的"为了作"(Um-zu)标示其特征。一种"用具"每每"为了作……之用"被使用,这是一种"指引"(Verweisung)。在更切近的考察中,这种"指引"显示为每种"器物"各自不同的"因缘"(Bewandtnis)(全集卷2,第112页)⑤。这一"因缘"即"效用之何所向,合用之何所为"。"器物"这种"何所向"(Wozu)与"何所为"(Wofür)构成"因缘整体"(Bewandtnisganzheit)之关联。每种"因缘"一开始都是在一种"因缘整体"之视域中"才被各自揭示"。"此在""向来已经"存在于一种这样的因缘整体中并找到方向,这"包含着某种与世界的存在论关联"(全集卷2,第114页)⑥。不仅是"用具",每种"存在者"都显

---

① 参看海德格尔:《存在与时间》(中文修订第二版),第93页。——译注
② 参看海德格尔:《存在与时间》(中文修订第二版),第93、94页。——译注
③ 参看海德格尔:《存在与时间》(中文修订第二版),第98页。——译注
④ 参看海德格尔:《存在与时间》(中文修订第二版),第96页。——译注
⑤ 参看海德格尔:《存在与时间》(中文修订第二版),第118页。——译注
⑥ 参看海德格尔:《存在与时间》(中文修订第二版),第121页。——译注

示出由这样一种早就敞开了的"因缘整体"所规定。所以海德格尔能够说:"作为让存在者以因缘存在方式来照面的何所向,自我指引着的领会的何所在,就是世界现象。"(全集卷2,第115、116页)[1]海德格尔似乎在《存在与时间》中将"用具"及其被整合进"因缘整体"这件事径直理解为"存在者"的唯一范例(der Paradigma)。[2]而后来又表明,对以"用具"为起点的"世界一般之世界性"的分析以一种方法上的先行判定——即"此在"从其"日常性"出发得到分析——为依据,这个先行判定影响了对"世界"之理解的展开。

20世纪30年代初,在海德格尔思想发生深刻的结构性转变的语境中,这种先行判定得到了修正——伴随着模棱两可的后果。可能受到国家社会主义的"血与土"的意识形态[3]的共同影响,随后又在荷尔德林的诗歌中得到升华,海德格尔认识到,"此在"并不仅仅生活在"世界"之中,而且还生活在"大地"之上。"大地"如今被视为一种"力量"(全集卷39,第88页)并被置入与"世界"的关系中,置入"世界与大地的争执"。对于这一观念,海德格尔一方面可能受到其"真理作为澄明与遮蔽的原初争执"(《本源》,第42页)[4]的理解的启发,另一方面则是赫拉克利特的 *pólemos* [战争](全集卷36/37,第89、90页)的观念的启发,即"斗争"或者"争执"形成了诸神与人类之间、奴隶与自由人之间的关系。一方面,海德格

---

[1] 参看海德格尔:《存在与时间》(中文修订第二版),第123页。——译注
[2] 休伯特·L.德雷福斯(Hubert L. Dreyfus)的海德格尔解释近乎完全只涉及海德格尔的"用具"分析。参看《计算机不能做什么:人工智能的界限》(*Was Computer nicht können. Die Grenzen künstlicher Intelligenz*),雅典娜神殿出版社:美茵法兰克福,1989年。
[3] "血与土虽然强大有力且是必要的,但对于一个民族的此在而言并不是充分的条件。"(全集卷36/37,第263页)作为"必要的,但不是充分的条件",海德格尔将"大地"接纳入他的思想中。
[4] 参看海德格尔:《林中路》,第45页。——译注

尔试图"以现象学的方式"为那样一种决断进行合法性论证，即把"大地"作为"世界"的对应物而进行主题化的决断。另一方面，"大地"属于"历史性民族'之'元政治学"的神话式的亦即叙事性的维度。最为重要的是，"世界与大地的争执"的思想意象与海德格尔哲学中可以觉察到的在关系之中进行思考的倾向有所联系。

世界是"在一个历史性民族的命运中单朴而本质性的决断的宽阔道路的自行公开的敞开状态"（《本源》，第35页）①。大地是"那永远自行锁闭者和如此这般的庇护者的无所促迫的涌现"②。"世界"是那一"敞开状态"，"大地"的"显露"（Hervorkommen）能够进入其中展开出来。"大地"是那个"庇护者"（Bergende），"世界"能够"建基"其上。

因此，在"世界"—"大地"关系中有一种醒目的运动。比如说，"大地"让其根系扎入深处的植物生长，"大地"由此涌入"敞开域"。为实践和制作③释放出空间的世界，"需要"一个"能够让自己根植于其上"，从而可以依赖的基础。如此生成的运动是一种相互的渗透，一种"相向而对"（Gegeneinander）。这一"相向"有两方面含义：一方面二者相互"需要"，从而能够在相互对立的方向上扩展自身；另一方面它们相互分离，相互划界。"自行锁闭者"（Sichverschließende）不能容忍任何"敞开状态"（Offenheit），要将"敞开状态"收回入自身。如此这般的"敞开状态"又反过来与犹如在植物的生长过程中试图扩展自身的"锁闭状态"（Verschlossenheit）

---

① 参看海德格尔：《林中路》，第37页。——译注
② 参看海德格尔：《林中路》，第30页。——译注
③ Poiesis 为古希腊语的拉丁化改写，本意为制作、创作，引申为作诗、诗艺之意。海德格尔从亚里士多德的思想出发，常常将 Poiesis 与 Praxis 对举，后者指道德的、礼俗的及政治的实践，前者则取其本意，指使用技艺进行的制作、创作。——译注

相对立。就此而言,"大地"与"世界"的"相向而对"便是一场"争执"(Streit)。海德格尔将这场"争执"作为"存有之真理"的一个标志加以考察。因为"只要真理作为澄明与遮蔽的原初争执而发生",就存在"世界与大地间的争执"(《本源》,第42页)[1]。因此"世界与大地间的争执"实际上就是"澄明与遮蔽的原初争执"。

海德格尔的"大地"概念受到荷尔德林诗歌的(共同)塑造。在1934/35年冬季学期的第一次荷尔德林讲授课上,海德格尔就已经引用了被归在荷尔德林名下的诗句,虽然荷尔德林并没有留下原始的手稿:"充满劳绩,然而人诗意地栖居/在这片大地上。"[2]差不多两年后,海德格尔将会进行对这一诗句的阐释。[3]这句诗对于理解海德格尔的哲学极端重要。

"大地"在此自然不是指地球,而是"起源"的特殊"位置",即"家乡"(全集卷39,第105页)。它是"家乡性的大地"。海德格尔由此不仅仅在"元政治学"的语境中,而且在其整个的思想中维护一种反-普世主义(Anti-Universalismus),这种反-普世主义在技术与科学、资本与媒体公共性的普世性规划的时代引发了巨大的问题。"存在自身"显然居住在一种区域性的、关联着各个"大地"的"历史"中,这一点意味着什么?[4]在"元政治学的"极端化的过程中进行思考,"大地"概念绝对无法让人设想一种在各不相同的"大

---

[1] 参看海德格尔:《林中路》,第45页。——译注
[2] 海德格尔一直依据诺伯特·冯·海林格拉特的《荷尔德林全集》版本引用的这两行诗,原本出现在一个散文体的文本中。参看弗里德里希·荷尔德林:《作品与书信全集》,第一卷,米夏埃尔·克瑙普编,卡尔·汉泽出版社:慕尼黑与维也纳,1992年,第908页。
[3] 参看马丁·海德格尔:《……人诗意地居住……》,收于全集卷7,第189—208页。
[4] 伊曼纽尔·列维纳斯:《海德格尔、加加林与我们》("Heidegger, Gagarin und wir"),收于《困难的自由:试论犹太文化》(Schwierige Freiheit. Versuch über das Judentum),犹太出版社(Jüdischer Verlag):美茵法兰克福,1992年,第173—176页。

地"之上的（形而上学的）普遍种类，相反，海德格尔仅仅把生活在"大地与世界间的争执"这件事归于"德国人"，难道不是这么一回事吗？另一方面，在发生巨大的"难民"运动的时代，一种对"起源"的特殊理解必须能够被做出，从而去理解为何"逃难"引发了问题。在一种"总已经"以普世性的方式得到理解的生活空间中，这一点几乎是不可能的。

在《哲学论稿》中海德格尔再次接续了"世界与大地间的争执"的思想。"此在"乃是"本有"中的"回转"的"转折点"。这一"回转""之所以能赢得自己的真理，唯由于它作为大地与世界的争执而得到纷争，并且因而把真实者庇护入存在者之中"（全集卷65，第29页）[1]。这种"真实者庇护入存在者"正是"艺术"的任务（全集卷65，第69页）[2]。与此同时海德格尔写道："为什么大地在这种摧毁过程中沉默不语？因为大地未被允许那种与世界的争执，因为大地未被允许存有之真理。"（全集卷65，第277、278页）[3]在"存在之离弃"的时代"存有之真理"始终"拒不给予"。"大地"作为"自然""经由自然科学从存在者那里被分离出来"。"自然曾经是什么呢？"海德格尔提出问题并在对"希腊人"的神话的回顾中回答道："是诸神之到达和逗留的时机场所。"而如今它"被置入计算性的谋制和经济的强制过程中了"。因此"大地与世界间的争执"同样不再能够发生。同时一并道出的是，"艺术趋向于终结——甚至必须终结"（全集卷95，第51页）。

然而，这只是海德格尔思想的分叉的"道路特征"中的一条道

---

[1] 参看海德格尔：《哲学论稿》，第32页。——译注
[2] 参看海德格尔：《哲学论稿》，第76页。——译注
[3] 参看海德格尔：《哲学论稿》，第294页。——译注

路。在"形而上学之克服"的问题关联中,哲学家提出了"美学之克服"(全集卷65,第503页)。这种"克服"应该令我们能够在从康德到尼采的"美学"的活动空间之外去理解"艺术"。在这一方面,海德格尔还一度思考过"一种艺术–阙如(kunst-losen)的历史的时机","可能比有着膨胀了的艺术行业的时代更具历史性和更具创造性"(全集卷65,第505页)①。然而,这一思想在"存在之历史"意义上的前提始终是,"艺术之本质的原始必然性,亦即把存有之真理带向决断的必然性,能够从一种困迫中"产生出来。在演讲《艺术作品的本源》的"元政治学"语境中,海德格尔似乎还在希冀着这一点。

"形而上学之克服"

在大约四分之一个世纪前,尤尔根·哈贝马斯比较了"我们的初始处境"和"第一代黑格尔学派的处境":"当时哲学研究的基本状况已经发生变化。也就是说,从那时起,我们在后形而上学思想面前已经别无选择。"②这一总结如今——几乎③——得到所有哲学家的认同。哈贝马斯想到的是包括卡尔·马克思在内的所谓"黑格尔左派"。哲学家中把黑格尔视为对哲学的一种形而上学理解的界限并完全接受黑格尔将自己当作哲学之终结的自我解释的人,其中之一

---

① 参看海德格尔:《哲学论稿》,第533页。——译注
② 尤尔根·哈贝马斯:《后形而上学思想》(*Nachmetaphysisches Denken*),舒尔坎普出版社:美茵法兰克福,1996年,第36页。(中译参看哈贝马斯:《后形而上学思想》,曹卫东、付德根译,译林出版社,2001年,第28页。——译注)
③ 在现象学中如今出现了一种对哲学家那里的形而上学的新的兴趣,比如说让–吕克·马里翁、马克·里希耶(Marc Richir)抑或拉斯洛·滕盖伊(László Tengelyi)。然而他们同样必须对"形而上学之克服"展开辨析。

便是海德格尔。因此，20世纪几乎没有另外一个哲学家像海德格尔那样如此强调"形而上学之克服"的任务。

在早期讲授课和《存在与时间》中，海德格尔谈到一种现象学—解释学的"解析存在论历史"（全集卷2，第27页以下）[1]的任务。这种"解析"意味着穿越"存在论基本概念"的漫长评注、阐释史，回溯到这些"基本概念"在其中得以构成的"原初经验"（全集卷2，第30页）[2]。"解析"并不具有"摆脱存在论传统的消极意义"（全集卷2，第31页）[3]。所以解析跟拿锤子把石头砸碎不同（另外，它也不是指尼采说的"用锤子"进行哲学思考），而是像淘金筛的抖动，通过这种抖动，有价值的东西慢慢浮现，掩盖物则被移开。尽管如此，一种"消极意义"仍然产生着作用。"解析"以破坏性的方式针对的是"对存在论历史的统治性讨论方式"。这种存在论已然是成问题的了。如果在哲学上有必要回归到"存在论的基本概念"的最初含义，这就已经表明，它的当前含义不够充分甚至可能是没有生机的、僵死的。

"解析存在论历史"并不使哲学史消弭。相反，它使得至关重要的含义、基本文本及其解释的历史首先映入眼帘。凭借着对历史的这种"解析"，海德格尔为哲学打开了进行解释学研究的无穷视域。伽达默尔的解释学哲学就始终极大地倚仗着海德格尔的方案及其阐发。雅克·德里达的思想，他的"解构"（Dekonstruktion）[4]策略，同样是对海德格尔的接续。

---

[1] 参看海德格尔：《存在与时间》（中文修订第二版），第28页。——译注
[2] 参看海德格尔：《存在与时间》（中文修订第二版），第32页，译文略异。——译注
[3] 参看海德格尔：《存在与时间》（中文修订第二版），第32页。——译注
[4] 关于"解析"和"解构"参看导论译注。——译注

在其1934年夏季学期的讲授课"逻辑学作为对语言本质的追问"上,海德格尔谈到了"对逻辑学从根本上进行动摇"的"基本任务"。他还声称,"十年来我们一直在进行""对逻辑学的动摇",它"建立在一种我们此在自身之转变的基础上"(全集卷38,第11页)。在一年后开设的"形而上学导论"课上,海德格尔强调,要将逻辑学"从其基础出发连根拔起"(全集卷40,第197页)①。于是20世纪30年代中期海德格尔延续着"解析存在论历史"的任务,从而将其与"元政治学"的规划联系起来。"我们此在自身之转变"让人想到海德格尔所投入的"国家革命"。哪里思想应该发生改变,哪里"逻辑学"就必须发生改变。

对逻辑学的"动摇"可以粗略概括为:"逻辑学"是"有关 *lógos* 的科学"。亚里士多德所理解的作为 *lógos apophantikós*②的 *lógos* 要显示和陈述的是,"一件事是怎样的以及一件事处于何种情况"(全集卷38,第1页)。*lógos* 是关于"存在者"的一种"陈述"(Aussage)。我们不仅在说出句子的狭义上进行陈述,我们同样在思考时进行陈述。按照思想之陈述的真实性与虚假性,思想本身可真可假。思想的真假由特定的定理或者思维规则所规范。有了"逻辑学"我们就知道事情得到了怎样正确或错误的思考。因此,作为"有关 *lógos* 的科学"的"逻辑学"首先是"对思维的形式构造的强调"及"其规则的建立"(全集卷40,第129页)③。

逻辑学将思维"肢解"为由"基本要素"组成的陈述。此外,

---

① 参看海德格尔:《形而上学导论》(新译本),王庆节译,商务印书馆,2015年,第217页,译文略异。——译注
② 希腊语 *apóphansis*(声明,陈述,判决)的形容词形式。——译注
③ 参看海德格尔:《形而上学导论》(新译本),第139页,译文略异。——译注

逻辑学指示着如何能够将更多诸如此类的"基本要素"正确地"联结"起来或者"装配"起来，以便陈述能够获得"有效性"的要求。它指出了正确地进行推理和判断的各种条件。在海德格尔看来，三个最重要的定理是同一律、矛盾律和根据律（全集卷38，第10页）。

然而作为哲学科学的逻辑学并非哲学之全部。自古以来（从柏拉图学园的领导者色诺克拉底[Xenokrates，公元前396年至前314年]开始）就有另外两门"科学"伴随逻辑学左右。全部哲学划为分逻辑学、伦理学和物理学这三个古老学科。①不过如果我们注意到，无论在伦理事物的领域还是在自然研究的区域都必然要进行思维，作为对思维的一种后思（Nachdenken）②的逻辑学的特定优先地位就产生了。这种后思通过对人类的一切行动进行论证、批判、规范或者解放等诸如此类的活动而与其相伴。

然而，在"逻辑学"名目下得到理解的东西的意义并没有就此穷尽。日常世界里存在种种"言谈方式"，这些言谈方式不无道理地将对"逻辑学"的科学化理解转用在日常事件上。人们将"前后一致的"事物理解为"逻辑性的"事物。此处所指的东西并非"有关 *lógos* 的科学"，"毋宁说我们指的是一个事件、一种状况、一件事情内在的前后一致"（全集卷55，第186页以下）。这种日常生活里的"前后一致"是一种渗透到惯常事物中去的科学的"逻辑学"的样式。"陈述的无差别的一般形式：a是b"，就此在"对待作为现成

---

① 比如说可参看伊曼纽尔·康德：《道德形而上学原理》（*Grundlegung zur Metaphysik der Sitten*），收于《康德作品集》第四卷《有关伦理学与宗教哲学的著作》（*Schriften zur Ethik und Religionsphilosophie*），威廉·魏舍德尔（Wilhelm Weischedel）编，科学出版社协会（WBG）：达姆斯塔特，1956年，BAIII。

② nachdenken 的日常意为"思考，思索"，其字面意思为"在……之后思考"或者"跟随在后面思考"，这里指对思维本身及其规则的思考，译为"后思"。——译注

物的存在者的无差别的态度"(全集卷29/30,第438页)而言,是某种"日常此在的基本特征"。另一方面,科学的"逻辑学"是对日常的言语行为的一种明确的形式化(或者"逻辑学"想要成为这样)。"逻辑学"将具有实践关联的思维自身中所含有的形式性的"前后一致"加以形式化。

因此在"事情的逻辑与思维的逻辑"之间存在一种关联。思维与事情是"彼此交错的","一方在另一方中复又出现","一方利用着另一方"(全集卷55,第196页)。这种思想与事情之间、"逻辑学"与"存在论"之间的"彼此交错"在人的由"理性"所引导的对世界的塑造过程的背景下,是不言而喻的。即便在激情似乎将世界弄得杂乱一团的地方,"理性",作为思想与事情的一种"彼此交错存在",依旧有效。按黑格尔的看法,在世界历史语境下,一种"理性的狡计"[1]仍然引导着最具激情的行动。"凡是合乎理性的东西都是现实的;凡是现实的东西都是合乎理性的"[2],对这样一个命题来说,思想与事情的"彼此交错"是其之所以可能的条件。

显而易见,"对逻辑学的动摇",或者如海德格尔日后所说的"对人的动摇"(全集卷7,第218页)必须发生。我们的言说和思想的定理在哪里得到了设置,我们的自我解说也在哪里得到了触及。就像海德格尔无数次所提到的,从"形而上学"出发人被规定为

---

[1] 黑格尔:《世界历史哲学讲演录》(*Vorlesungen über die Philosophie der Weltgeschichte*)第一卷,《历史中的理性》(*Die Vernunft in der Geschichte*),约翰内斯·霍夫迈斯特(Johannes Hoffmeister)编,费利克斯·迈纳出版社:汉堡,第六版,1994年6月,第105页。

[2] 黑格尔:《法哲学原理,或自然法与国家学纲要》(*Grundlinien der Philosophie des Rechts, oder Natuurrecht und Staatswissenschaft im Grundrisse*),《黑格尔著作集》第七卷,埃娃·莫尔登豪尔(Eva Moldenhauer)和卡尔·马库斯·米歇尔(Karl Markus Michel)编,舒尔坎普出版社:美茵法兰克福,第24页。(中译参看黑格尔:《法哲学原理》,范扬、张企泰译,商务印书馆,1982年,第11页。——译注)

animal rationale［理性动物］，当*lógos*意义上的*ratio*得到"解析"，就会发生对那种东西的修正，这种东西规定了人之为人。海德格尔是如何并且在哪里开始起"对逻辑学的动摇"的（它就像"解析存在论历史"乃是"形而上学之克服"的先行形态），此处无法进一步阐明。①而它与海德格尔20世纪30年代初通向*mŷthos*亦即通向作为"本有的神话－逻各斯"的"存在之历史"的步伐联系在一起，这一点是毋庸置疑的。因此，当他指出，"唯有德国人"能够"以原初而又崭新的方式对存在进行作诗与道说"，"唯有德国人"将会"以崭新的方式提升*theoria*［理论静观］的本质并且最终创造出逻辑学"（全集卷94，第27页），这一来自第一册《黑皮本》的段落见证了"对逻辑学的动摇"在多大程度上归属于"历史性民族'之'元政治学"。

"解析存在论历史"或者说"对逻辑学的动摇"在所谓的"形而上学之克服"中觅得其最终形态。在形成于1936年至1946年间以《形而上学之克服》为题的文本中（这个文本本身以演示性的方式成为一种"克服"），海德格尔对"历史"的"存在历史性的""阐释"变得一目了然。作为"animal rationale"的人"如今"已经成了"劳动的动物"，而"必定迷失于使大地荒漠化的荒漠中"。一种"没落"已经"发生"了，其"结果"正是"这个世纪的世界历史的各种事件"。这种"没落"源于尼采思想中的"形而上学之完成"。这种"完成"为"一种也许会长期延续下去的地球秩序"提供"支架"（全集卷7，第81页）②。"形而上学"的历史过程的一个"结果"即在于宣告——形而上学地理解——"亚人类"（Untermenschentum）所

---

① 一个重要步骤是解除"真理"与陈述的联系，将"真理"规定为"无蔽"，这在海德格尔1930年的演讲《论真理的本质》（全集卷9，第177—202页）中第一次发生。对此也可参看我的著作《迷误接合：海德格尔的无－政府》。
② 参看海德格尔：《演讲与论文集》（修订译本），第87页。——译注

隶属的"超人类"(Übermenschentum)的出现。此时,人已经变成了他自己的"制造行为"的"最重要的原材料"。海德格尔——今天看来恰恰是先知式地——展望说:"基于今天的化学研究,人们终有一天将建造用于人力资源的人工繁殖的工厂。"(全集卷7,第93页)[1]他清晰地与国家社会主义的"谋制"保持距离(却并未完全告别国家社会主义)。"形而上学之克服"现在脱离开了"历史性民族'之'元政治学"。

"形而上学"乃是海德格尔用以标示"存在"的一个时期的名称,在这一时期人们试图以柏拉图和亚里士多德哲学的概念来把握"存在"。这一时期在黑格尔与尼采的思想中进入其终结。根本而言,"形而上学思想"基于对"存在与存在者之区分"的无视。海德格尔写道:

> 存在者与存在的区分被推入一种仅仅被表象的区分(一种"逻辑的"区分)的无关紧要状态之中,如果在形而上学内部,这种区分本身作为这样一种区分毕竟得到了认识的话——严格说来,这一点是没有发生的,也是不可能发生的,因为形而上学思想其实仅仅保持在区分中,但却是这样,即存在本身以某种方式成了一种存在者。(全集卷65,第423页)[2]

当"形而上学"从柏拉图开始从感性事物与超感性事物的区分(这意味着比如说区分"唯物主义"与"观念论")出发,"它就保持在""存在"与"存在者"的"区分之中"了,同时又没有能力对这种"区分"本身做出恰当的阐释。"形而上学"不在其"区分"中理

---

[1] 参看海德格尔:《演讲与论文集》(修订译本),第101页。——译注
[2] 参看海德格尔:《哲学论稿》,第447页。——译注

解"存在自身"和"存在者",而是将"存在"理解为"存在状态"（Seiendheit）并将"存在状态"把握为"在场（Anwesenheit）与持存（Beständigkeit）"（全集卷66,第128页）。源自"存在者"的特征被普遍化为"存在状态",就此而言在"形而上学的思想"中"存在者"始终是一切理解的出发点。自行"遮蔽"或者"隐匿"的东西没有得到认识因而保持为——就像"作为差异的差异"——"未经思考"。

如果"形而上学"为"一种也许会长期延续下去的地球秩序"提供"支架",那么"形而上学之克服"这个标题就是成问题的。海德格尔自己看到了这一点。"形而上学""不能像一个观点那样被放弃",人们不能将其像"一种不再被相信和拥护的学说那样抛弃掉"（全集卷7,第69页）①。如果"克服"这个概念使人认为,人们可以像越过一条假想中的界限那样从一种"历史"转换到另一种"历史"中去,那么海德格尔则要强调,这一与"形而上学"必然的持续争辩的过程"旷日持久"。照此看来,出现了一种悖谬:"形而上学之克服"恰恰导致反复不断地把"形而上学"及其"基本概念"进行主题化探讨;不过这种主题化探讨并非以任意方式进行,相反,从"历史的必然性"而不再只从纯然哲学的必然性来看,它穿越"形而上学"抵达一种"别样的发问"或者一种"别样的思想"。于是按海德格尔的看法,"形而上学之克服"就被更合适地把握为一种"经受"（全集卷7,第77页）②。"经受"（Verwindung）概念表明,某物只有经过一种较长持续的争辩才会趋于消退。③对一种伤害或者疾病的

---

① 参看海德格尔:《演讲与论文集》(修订译本),第73页。——译注
② 参看海德格尔:《演讲与论文集》(修订译本),第82页。——译注
③ 注意"克服"（Überwindung）、"经受"（Verwindung）和"消退"（Verschwinden）之间的词根联系。——译注

"经受"在于某种持续较长的治疗,在治疗过程中受伤者呵护着自己所受的伤害。如此看来,对一种伤害的"经受"的过程一方面是自发的,因为伤害必定自发地疗愈,另一方面,受伤者同样得到"需要",因为离开了受伤者对这一过程的参与疗愈很可能不会发生。在这一类比中"形而上学之克服"就像是一个持续的对"形而上学的思想"进行主题化探讨的过程,在这种主题化探讨的过程中并且通过这种主题化"形而上学"最终"消逝"。

然而,"形而上学之克服"始终是一个棘手的思想。是否可能存在一种思想,这种思想远离了那些令这一思想从根本上得以可能的基本规定?当思想真的离弃了比如说"科学"或者"科学性"的先行预设着的框架,当思想令"逻辑学"的定理变得无效,会发生什么?思想是否能够彻底地以诗性的方式展开迄今为止未经认识的运作方式?不同于完全认同并试图延续"形而上学"的理性化标准的哈贝马斯,海德格尔从不谈论一种"后形而上学的"(nachmetaphysischen)思想。他倾向于将自己的思想刻画为为了"预备一种别样的发问"而进行的"过渡之思"(全集卷65,第430页)。由此看来,海德格尔"形而上学之克服"的"思想"或许是站在形而上学的边界上对这个边界进行思索,而绝非简单地处于形而上学的规定之外。

语言作为"存在的家"

说海德格尔是作为"逻辑学家"开始其学术生涯的,这并非言过其实。不仅他的博士论文,还有教职论文都致力于逻辑问题。他的老师李凯尔特还期待他在这个学科有"巨大的贡献"。所以海德格尔在20世纪20年代的讲授课上一再探讨这个问题:我们必须如何恰当地理解"逻辑学"的原初现象,理解 *logós* 自身。在这点上,海德格尔最开始从柏拉图和亚里士多德的文本中找到了方向,后来,到了30年代,赫拉克利特的 *logós* 概念站到了前台。

在《存在与时间》中,对这一已经持续了十多年的问题的处理进一步得到强化。*logós* 在这里被表述为"言谈"的"生存论环节"。如此转译的正当性在于如下事实:在亚里士多德那里 *logós* 被思考为 *deloûn*①,即让"在言谈中'言谈'所关乎的东西"开放出来。由此出发海德格尔将"语言"现象纳入视野。语言的"生存论—存在论基础"正是"言谈"(全集卷2,第213页)②。"语言"仅仅是"言谈被说了出来(Hinausgesprochenheit)"(全集卷2,第214页)③。在语言中"意义"进入"话语":"话语(Worte)附生于各种意义(Bedeutungen)。但不是语词物(Wörterdinge)被装上了各种意义。"④海德格尔这样写道,却没有解释到底怎么会出现"话语"和"意义"间的这种差异。⑤

"言谈"乃是"对包含着共在的在-世界-之中-存在的可理解性的'赋予意义的'(bedeutende)分解"。就此而言,"言谈"就是在与他者相遇时始终以澄清说明为指向的以语言的方式发生的一切。"倾听与沉默"以特别的方式属于这种相遇。对"沉默"的分析(后来30年代在海德格尔思想中起着巨大作用)属于《存在与时间》中

---

① 古希腊文动词不定式,意为使可见,使明显,指出。——译注
② 参看海德格尔:《存在与时间》(中文修订第二版),第227页,译文略异。——译注
③ 参看海德格尔:《存在与时间》(中文修订第二版),第228页,译文略异。——译注
④ 参看海德格尔:《存在与时间》(中文修订第二版),第228页,译文略异。德文 Wort 有两种复数形式,一为 Worte,指说出的话语,一为 Wörter,是 Wort 在词语意义上的复数。海德格尔这句话大概是说语言的意义并非现成存在的东西,并非由每个单词配上各自的意义然后组装在一起构成,而是由话语整体生成。此处酌将 Wort 译作"话语",将 Worte 译作"话语",将 Wörterdinge 译作"语词物"。——译注
⑤ 这里的问题或许在于,海德格尔实际上预设了一种对话语的对象性的理解。就此而言,对"语词物"的谈论不能单单被理解为修辞。

现象学描述的高峰。海德格尔对"言谈"的分析产生了一系列结论。然而，这一分析在什么意义上能够为"一种完满的语言定义"提供"基础"，这一点却不明确。

如果我们在《存在与时间》中，从将语言的根基置于"言谈"之中得不出什么有效结论的话，也可以辨认出这一关系规定所带有的意图。这一意图后来才展开其全部的哲学意蕴。海德格尔解释说，（印欧）语言的"语法"在希腊的逻辑学中有其"基础"。这种逻辑学又立足于一种"现成事物的存在论"（全集卷2，第220页）[①]上。至此，海德格尔为了探究"语言之本质"而反复提出的各种问题中的一个显出了轮廓。作为"语法"之基础的"现成之物的存在论"的"基础"在于一种区分，即对放在底下作为根据的现成事物的区分，这些事物具有不同的属性。亚里士多德称为 *hypokéimenon*（字面意思：放在底下的东西），即 *symbebekóta*（属性）所归之其上的东西，在语言的"语法"中通过主词与宾词的区分再次出现。动名词"Sein"[②]在语法上被称为系词，作为"纽带"将主词和宾词（S是P）连接起来。然而"Sein"既不是一件可被归加上"属性"的"事物"——那样它就会成为"存在者"——也不能还原到系词功能上。这不仅仅是海德格尔一个人的看法。但一种由主系宾关系为之奠基的语言如何能处理摆脱了这种规定的"Sein"？我们如何能述说某种在这种语言的语法中从来没预留下位置的东西？

1933年后的"元政治学"讲授课探究了这一问题。在这些课程中海德格尔延续了他从博士论文开始就业已探讨过的主题。在1933/34年冬季学期的讲授课"论真理的本质"中海德格尔提出："对

[①] 参看海德格尔:《存在与时间》（中文修订第二版），第233页。——译注
[②] sein为德语系词的不定式形式，即"是……"之意。在德语中，任何一个词的首字母大写即可成为名词，在这个意义上，Sein被称为"动名词"（Verbalsubstantiv）。——译注

作为语言学说即语法的 *logós* 的沉思，受到作为思维学说的逻辑学的支配。"（全集卷36/37，第103页）"逻辑学"的这种支配地位必须通过"对语言从语法方面加以表象的行为的动摇"（全集卷36/37，第104页）而加以终结。只有当"语言的本质"得到主题化探讨时，这一点才可能发生。

在1934年夏季学期讲授课结尾，这种"动摇"得到了实现："在语言作为塑造世界的力量发生之处，即在语言先行塑造着存在者之存在并赋予其组织结构（Gefüge）之处，语言的本质本质现身。原初的语言乃是诗歌的语言。"（全集卷38，第170页）撇开这一思想的"元政治学"指涉不论，目前被纳入视野中的"对逻辑学的动摇"（全集卷38，第11页）是对那样一个问题的反应，即如果摆脱"对语言从语法方面加以表象的行为""存在"如何能够恰当地被带向语言。"诗歌"自此在海德格尔的语言哲学中占据了一个关键位置。问题在于，是否任何一种语言都必然是"对象性的"，是否一切得到思想的东西在思想行为中都必须成为一个"对象"（参看全集卷9，第74页）。进行言说这件事是否必然意味着令某物客体化？

在《哲学论稿》中海德格尔将这个问题明确表达出来：

> 用惯常的语言……是不能道说存有之真理的。如若一切语言皆为关于存在者的语言，存有之真理竟可能被直接道说吗？抑或能够为存有发明一种全新的语言吗？不可能。（全集卷65，第78页）①

"存在者的语言"以一种可回溯到"现成之物的存在论"的语法为基

---

① 参看海德格尔：《哲学论稿》，第85页。——译注

础。在《哲学论稿》中海德格尔正困扰于这一问题。他暂时找到的一种解决方式是抵制公共的哲学话语。于是产生出一种文本,这一文本以秘传的方式离开公共性及其话语规则,以便向着诸如"少数者"(全集卷65,第11页以下)之类的特定接收者进行言说。[1]然而,1962年海德格尔还在以这样的暗示结束了他最后的若干次演讲之一:"以演讲方式来道说本有"是一个"障碍",因为演讲"只用陈述句"(全集卷14,第30页)[2]进行。演讲伊始海德格尔强调,事关宏旨的不是"聆听一系列陈述句,而是要跟随显示的进程"(全集卷14,第6页)[3],这一说法令人想到维特根斯坦的《逻辑哲学论》(6.522)。

海德格尔在《哲学论稿》中追问一种"适合于存有的崭新语言",这一追问随着如下思想得到实施:"存有之语言"必然是一种"道说着的"(sagende)(全集卷65,第78页)语言。这意味着:"一切道说(Sagen)都必须让倾听之能力(Hörenkönnen)一道产生。二者必具有同一个本源。"这种"对语言的转化"引向一种"转化了的道说"。"道说"与"倾听之能力"的"本源"自然是"存有"。海德格尔提请人们关注"响应性的"关系,即"道说"关联并"回应"着它自身从中起源的东西。"存有之语言"因而不是有关"存有"的语言,相反,是"存有"自身作为"语言"。在这个意义上,"道说"必定自身业已是一种对"存有"自身的"倾听的能力"。"倾听"标明了"道说"与"存有"之间的区分。

这一思想随后在海德格尔1954年的著作《通向语言的途中》(重要演讲和文章汇编)之中得到进一步发展。下面这句经常被引用和

---

[1] 参看《哲学论稿》开篇及我的阐释:《Adyton:海德格尔的秘传哲学》("Adyton. Heideggers esoterische Philophie"),马蒂斯与塞茨出版社:柏林,2011年。
[2] 参看海德格尔:《面向思的事情》(增补修订译本),孙周兴译,商务印书馆,2015年,第36页。——译注
[3] 参看海德格尔:《面向思的事情》(增补修订译本),第5页。——译注

批评的话便出自该书:"语言言说。/人言说,是因为人应合于语言。这种应合乃是倾听。"(全集卷12,第30页)① "语言言说"这一思想是对一种不言而喻的经验的极端推论。这种经验表明语言是一个有生机的意义体系,这个体系使每一个在语言中孕育并生存的人可能以或此或彼的方式方法进行表达,而非每个个体"制作"了语言。② 当我们谈论法语时不言而喻的事情是,并不是此刻生活着的法国人首先把法语"生产"出来的,就像想要讲法语的人并没有把法语"制作"出来一样。相反,人们必须通过"倾听"来开始学习一种已然存在的语言。就此而言,语言先行于每一个进行言说的人。

另一方面,没有进行言说的人也就没有语言。因此海德格尔强调:"'语言言说'一语……并没有得到充分的思考,只要如下实情被忽视的话:为了以语言本身的方式去言说,语言需要人的言说,此言说就其自身而言是被使用,也就是以应合的方式为了语言而被使用……"(全集卷75,第201页)正如已经指出的"本有"的"响应性"结构,以及"道说"与"倾听"之间的关系,在"语言"与"人类的言说"的关系中海德格尔的出发点乃是两者间的一种相互"需用"。言说不再仅仅是人的一种能力,而是一种"应合"。如果说人是言说着的生物,那么这种相对于其他所有(已知的)生物别具一格的特性并非他自己亲授给自己,而是受之于语言。

但这样的诠释仍未阐明这种语言观在什么意义上比奠基于"逻

---

① 参看海德格尔:《在通向语言的途中》,第27页,译文略异。——译注
② 此处与路德维希·维特根斯坦的一些思想进行比较同样是富有启发的。参看路德维希·维特根斯坦:《哲学研究》(*Philosophische Untersuchungen*),收于《维特根斯坦著作集》,舒尔坎普出版社:美茵法兰克福,1960年,第289页以下。关于海德格尔与维特根斯坦那里的"语言"问题可参看马蒂亚斯·弗拉彻(Matthias Flatscher):《逻各斯与遮蔽:论海德格尔与维特根斯坦晚期著作中的现象学式语言理解》(*Logos und Lethe. Zur phänomenologischen Sprachauffassung im Spätwerk von Heidegger und Wittgenstein*),卡尔·阿尔伯出版社(Karl Alber Verlag):弗莱堡与慕尼黑,2011年。

辑学"的语言观更与"存在自身"相"应合"。在海德格尔看来,"应合"乃是一种"倾听"。这种"倾听"能够指涉着那样一些东西,这些东西总是已经先行被给予了:词语、句子、文字等等。当然,这对于一种"存在自身"的思想而言还未构成任何帮助,而"对象化"的问题恰恰在于,"存在"这个词始终臣服于一种"现成之物的存在论"。因此,"应合"之中的"倾听"恰恰指涉的不是词语或者句子,而是某种先行之物。海德格尔将其称为"寂静之音"(Geläut der Stille)(全集卷12,第29页)①。词语或者句子似乎起源于某个源泉,这个源泉并非已经以词语和句子的形式显现。词语和句子的这种不在场可以被称为"寂静"。由于这种"寂静"把所有词语和句子连同"倾听"聚集向自身,海德格尔便谈及它的"音响"。难道"寂静之音"不始终是一个听觉方面的比喻,这个比喻并没有解决摆脱陈述的"存在自身"的难题?

无论如何,拒绝从"逻辑学"出发理解语言的同时,还有一个更进一步的意图。在"形式逻辑"中语言被视为一种构造物,这种构造物无视在其中出现的"内容"。公式"S是P"并没有表明,此处的"S"和"P"是什么。它仅仅被设定为一个形式,借由这个形式所有存在的东西都能被说出来。如果将这种形式化方式转化为我们日常所熟悉的目的-工具联系,人们可能会认为,语言即用来向我们传达"内容"。这样的理解便将语言解释为一种"工具"或者"媒介",借助它"信息"得到生产。海德格尔认为20世纪40年代末由诺伯特·维纳(Norbert Wiener)②勾画的数学式—控制论式语言观大错特错。这样的语言观将尤其是诗歌所呈现出的语言的本质要素

---

① 参看海德格尔:《在通向语言的途中》,第26页。——译注
② 诺伯特·维纳:《控制论,或者动物和机器的控制与交流》(Cybernetics, or control and communication in the animal and the machine),约翰·威立出版社(J. Wiley):纽约,1952年。

技术式地清除了。在诗歌中一种言说显现而出,这种言说不能被还原为"信息"。海德格尔反对这样一种语言理解,他写下如下著名的话:

> 思想完成存在与人之本质的关联。思想并不制造和产生这种关联。思想仅仅把这种关联当作存在必须交付给它自身的东西向存在呈献出来。这种呈献就在于:*存在在思想中达乎语言。语言是存在之家。人居住在语言的寓所中*。(全集卷9,第313页)①

语言不单单是人所支配的"工具"或"媒介",借此使自己"获得信息"从而支配物与自身。语言能够显现为"信息",但它包含着远甚于"信息"的可能性。事关宏旨的乃是这种甚于。海德格尔的哲学将语言理解为人"居住"其间的"寓所"(Behausung)。只有"存在在思想中达乎语言",这种在受到强调的意义上的"居住"才能发生。如此看来,将语言视为"信息"的理解和将语言视为"存在之家"的理解之间显示出一种差异——一种对于"居住"而言具有决定性的差异。在海德格尔看来,在一个对语言的控制论式理解占据支配地位的世界中,"居住"的可能性被切断了。

神与"诸神"②

> 只还有一位神能够拯救我们。(全集卷16,第671页)

---

① 参看海德格尔:《路标》,第366页。——译注
② 西文中单数的"神"(英文中为God,德文中为Gott)一般即指基督教的上帝,但又不尽然如此,尤其在一些试图综合古希腊传统与基督教传统的思想家笔下,如荷尔德林、尼采以至海德格尔,往往有着复杂的含义。由于本节直接讨论复数的"Götter"与单数的"Gott",为了照顾两者形式上的联系,一般将Gott译作"神",但在特定的语境中也译作"上帝"。不过请读者注意,当译为"上帝"时,也就是西文中的"神"一词。——译注

海德格尔的思想性生平在其开端处与德国西南部农村生活中的天主教深深联系在一起。他在20世纪30年代末题为《道路回顾》的文本中曾提到过这一点：

> 谁会错认，对基督教的探究在这条迄今为止的道路上以沉默不言的方式相伴而行——这种探究并不在过去和现在呈现为着手加以研究的"问题"，而是对最为本己的起源的保存——父母的家、家乡以及青年时代——以及与此同时与它们的痛苦分离。只有如此这般扎根于一个现实生活着的天主教世界中的人才可能对那样一些必然性有些许猜度，这些必然性在我的追问的迄今为止的道路中像地震一样发生作用。（全集卷66，第415页）

这一对"迄今为止的道路"的戏剧化描述内含着一个真实的核心。海德格尔的思想受到"对基督教的探究"的塑造，即便在这一点没有浮上文本表层的地方也同样如此。"存在之历史"是一种叙事，在这一叙事中基督教的"历史性"意义恰恰扮演着关键角色。最终，对基督教的探究在海德格尔40年代初的反犹言论中再次出现。在这一时期"对基督教的探究"似乎在字面意义上得到了实现：海德格尔的思想与基督教"相分设置"①。

然而走向这一分离的"道路"十分漫长。1928年重要的马堡讲座"现象学与神学"记录了这条路上的一步。大致来说，在这一讲座中涉及将自身理解为存在论的哲学与基督教神学之间的区分。后者被称为一门"实证科学"（全集卷9，第61页）。"实证"在此指的

---

① "探究"（Auseinandersetzung）一词的字面意思是在相互分离中设置彼此（auseinander gesetzt），这里译为"相分设置"。——译注

无非是，神学研究的是"基督教信仰"中或多或少清晰明确的对象。献身于"基督教信仰"，即成为虔诚的基督徒，无须"哲学"。"信仰的实证科学""只在顾及其科学性时"需要哲学。撇开这种对于海德格尔而言的外在的依赖性不论，"信仰"与"哲学"之间存在着一种如此深刻的裂隙，以至于海德格尔将"信仰"的"特殊生存可能性"称为"本质上属于哲学的……生存形式"的"死敌"（全集卷9，第66页）①。需要注意的是，海德格尔此处谈论的绝非"神学"本身，而是"信仰的实际性"。"信仰"与"哲学"构成了一对如此激进的选项，以至于"哲学首先根本不想以某种方式与那个死敌做斗争"。"哲学"仿佛令"信仰"的"生存可能性"不受任何触碰，因为这种可能性完全与"哲学"不同。

五年以后，在声名狼藉的"校长就职演说"《德国大学的自身主张》中海德格尔谈到这样一种可能性，即"我们最本己的此在本身都立于一场伟大的转变面前"。因为"弗里德里希·尼采，这满怀激情地寻求着上帝的最后一位德国哲学家所说的话'上帝死了'"可能是"真的"（全集卷16，第111页）②。这一评论绝非任何单纯的修辞。随着这样一种计划，即用"德国人"那里的"另一开端"来回应"希腊人"那里哲学的"第一开端"，哲学与基督教之间不仅仅产生出一种差异，两者凭这种差异能够相安无事。基督教如今就像在尼采那里已经发生的那样，对于在"第一开端"的语境中某些特殊的哲学可能性的丧失负有责任。

毫无疑问，海德格尔十分严肃地对待尼采在《快乐的科学》第125条箴言③"癫人"中提出的著名箴言。基督教上帝的死亡，这种死

---

① 参看海德格尔：《路标》，第73页。——译注
② 参看海德格尔：《讲话与生平证词（1910—1976）》，第142页。——译注
③ 弗里德里希·尼采：《快乐的科学》，收于《考订研究版尼采全集》卷1，科利与蒙提那里编，德古意特出版社/德国袖珍书出版社：柏林、纽约与慕尼黑，1980年，第480页。

亡向着海德格尔眼中的"文化基督教"的转化，这对于海德格尔而言乃是一个"历史性的"事实。从中也可以解释他在《黑皮本》中针对基督教所做出的大量攻击（参看比如说全集卷94，第463页）。"另一开端"不再需要这一宗教。恰恰相反，一个"创世神"的观念，这一"谋制"的所谓帮凶，绝非"开端性的"。

海德格尔如何理解"癫人"这一苦楚的洞见，明白这点很重要。无疑，尼采指的是基督教的上帝。当"我们"不再将上帝的福音视作约束"我们"生活的安排时，我们就"杀了"他。然而基督教的上帝尚有他义。在海德格尔看来，尼采箴言中的上帝乃是"理念和理想领域的名称"（全集卷5，第216页）①，是自柏拉图以降的欧洲哲学中始终贯穿着的纯然"超感性"领域的名称。随着基督教上帝和超感性领域的逝去，所有安顿生活的道德-伦理准则都变得不可信了。所有其他标准以之为导向的最高标准消失了。"还有上下之分吗？我们不是仿佛迷失于无尽的虚无中吗？""癫人"问道。迷失"于无尽的虚无中"即"虚无主义"。随着上帝之死，虚无主义的"存在历史"时代开始了。

不过，不仅仅是尼采在欧洲世界宣告了神性者（Göttliche）的消逝，荷尔德林也曾提到"诸神的逃遁"（全集卷4，第195页）——荷尔德林将耶稣基督也算作诸神之一。正如尼采一样，荷尔德林并未将神性者重返世界的可能性从自己的视野中抹去。人们不时指出，在德国的特别讨论语境中提到一种在其他"诸神"重返之际基督教上帝理解的崩溃——这种讨论不仅仅是从荷尔德林与尼采开始的（还有谢林，在20世纪则有格奥尔格与里尔克甚至还包括恩斯特·云格尔）——这一点恰恰在海德格尔这里留下了清晰的痕迹。在法国

---

① 参看海德格尔:《林中路》，第248页。——译注

并没有类似的现象。

一方面，海德格尔将"癫人"的宣告视作不可怀疑。基督教上帝的力量在20世纪的欧洲历史中被耗尽了。另一方面，他也没有拒绝这种思想：在上帝消隐之后神性者能够"再一次"显现。他不是在校长就职演说中提到"寻觅着神"的哲学家吗？对定冠词的使用表明①海德格尔指的并非绝不可能用冠词来表达的基督教的上帝。就此而言，荷尔德林将神之离弃的"存在"时代形容为"黑夜"（全集卷75，第51页），"诸神"在其中隐匿了起来，以便在来临中的"早晨"再次显现。这对于海德格尔来说同样指引着前路。

然而，在校长就职演说直接的上下文中海德格尔首先试图以"元政治学的方式"来利用荷尔德林有关"诸神"的诗歌。毫无疑问，着眼于他在校长就职演说中展开的内容，海德格尔讨论荷尔德林的诗句"……但是当／一位神显现，在天上、地上和海上／更新万物的明澈就会到来……"的方式是，他令"民族"的持存系于一种"对往回维系于诸神的源初统一的经验"（全集卷39，第147页）②。在这个意义上，事关宏旨的乃是"从民族的存有而来并为了这种民族的存有，神真实显现抑或不显现于民族之存在中"（全集卷39，第220页）③。当荷尔德林赋予"民族"以一种崭新的"往回维系"（Rückbindung），一种崭新的re-ligio④时，荷尔德林便是"德国存有

---

① 指"寻觅着上帝"（den Gott suchenden）中上帝的冠词使用的是定冠词形式。——译注
② 参看海德格尔：《荷尔德林的颂歌〈日耳曼尼亚〉与〈莱茵河〉》，第174页。——译注
③ 参看克里斯蒂安·索默尔（Christian Sommer）：《黑格尔，政治神学》（"Heidegger, politische Theologie"），收于《再论海德格尔、犹太人》（Heidegger, die Juden, noch einmal），彼得·特拉夫尼与安德鲁·米切尔编，维托里奥·克罗斯特曼出版社：美茵法兰克福，2015年，第43—53页。克里斯蒂安·索默尔对1933年海德格尔的处境的调查对于海德格尔研究贡献良多。同样可参看克里斯蒂安·索默尔：《1933年的海德格尔：柏拉图式的校长演说计划》（Heidegger 1933. Le programme platonicien du Discours de rectorat），赫尔曼出版社（Hermann）：巴黎，2013年。
④ 该词是西文宗教（religion）一词的拉丁文词源，作者将其分写显明了字面意思即re（再次）与ligare（联系，联合）。——译注

的创建者"。当然，这种根本上是渎神的思想很快变得苍白，就像"历史性民族'之'元政治学"的计划中断了那样。而在"本有的神话-逻各斯"的叙事中它还继续起着重要作用。

关于"诸神"的言说需要解释。荷尔德林在他的诗作中联系到那些在欧洲历史的古代神话中我们所熟悉的诸神形象。首先是古希腊的诸神和半神如阿波罗、狄奥尼索斯、赫拉克勒斯——同样包括耶稣基督——在他的颂歌中得到歌咏。对荷尔德林来说他们不是僵死的图画对象，而是鲜活的形象，这些形象处在对于诗人具有当下性的神话的语境中。不过在荷尔德林的诗歌中不仅仅有这些为人熟知的、源于欧洲历史的名字。有时候荷尔德林直接言及"父"，言及一个特别的、神秘莫测的形象，"诸神之神"或者"节日的王者"（Fürsten des Festes）。它们不属于我们熟悉的正统诸神谱系。

海德格尔最初没有采纳荷尔德林对这些"诸神"的刻画。在《哲学论稿》中海德格尔开始讨论多神论的问题。对复数"诸神"的使用指的不是"与某个唯一者相对的某个多数的现成存在"。相反，这是要表明一种"未决状态"（Unentschiedenheit）（全集卷65，第437页）①。是否会"再一次"出现"诸神"或者"一个神"的在场，这是"未决"的。"诸神"或者"神"面貌如何，这始终保持为开放。不过"未决状态"并非"空洞的可能性"。从"未决状态"中产生出那样一种"决断"，即神性者的神显还会不会发生。

值得注意的是，海德格尔并未就此止步不前。他仿佛亲自迈出了朝向"决断"的一步并且扩展了有关"存在之历史"的叙事。荷尔德林宣告一个尚在"到来中的神"（《面包与酒》，第十节）的显现，而海德格尔将这种宣告吸收进自己的思想。在《沉思》的导论

---

① 参看海德格尔：《哲学论稿》，第461页，译文略异。——译注

结尾——它作为"存在之历史"的展开而邻近于《哲学论稿》——海德格尔暗示到,"为那尚未出现却已宣告的神独一无二的效劳"（全集卷66，第12页）必然属于"存有之真理"的发生，属于作为"此在"的人必须为其"建基"的"自身遮蔽之澄明"。如海德格尔在《哲学论稿》中指明的，这位"神"即"最后之神"。这位"神"在荷尔德林的诗歌中得到"宣告"，而这当然并不意味着，海德格尔会以和诗人一样的方式来谈论这位"神"——他将会以完全不同的方式进行谈论。

"最后之神"的叙事性形象尤其难以规定。海德格尔的谈论并没有将其明确地归入某种已知的神学语境。这导致了阐释者将比如说像"最后之神的掠过"（全集卷65，第248页）①这样的特定用语往回联系到《圣经》里的表达（《出埃及记》，22）——这是一种得到过验证的解释学习惯，在当前情况下却是不合适的。因为海德格尔认为"最后之神"是"对立于曾在的诸神，尤其对立于基督教的上帝的完全不同的他者"（全集卷65，第403页）②。"最后"这个提法似乎最先给出了一个暗示。在"存在之离弃状态"的"存在历史性"时代，"对一种完全不同的时间—空间的开启"（全集卷65，第405页）③只能从一位"神"出发。将"最后"与"开启"联系起来，末日在一种到来，一种再临中发生翻转的思想，在基督教神学中被理解为"末世论"。*éschaton* 作为时间—空间规定指的是最极端之物或者最终之物。在时间的终结处上帝再一次显现，对人进行审判。海德格尔与此相对提到"存在的末世论"（全集卷5，第327页）④。"存在自

---

① 参看海德格尔：《哲学论稿》，第260页。——译注
② 参看海德格尔：《哲学论稿》，第429页。——译注
③ 参看海德格尔：《哲学论稿》，第430页。——译注
④ 参看海德格尔：《林中路》，第370页。——译注

身""作为命运性的东西自身就是末世论的"。因此,一种时间终结处的最终启示的基督教观念是从"存在的末世论"中派生的观念。

海德格尔于1966年在托特瑙堡与鲁道夫·奥格施泰因(Rudolf Augstein)进行的所谓"《明镜》访谈"见证了这样一点,"最后之神"的叙事形象归属于一种末世论叙述方式。在那里出现了如今众所周知的话:"哲学将不能引起世界现状的任何直接变化。不仅哲学不能,而且所有一切只要是人的思索和图谋都不能做到。只还有一位神能够拯救我们。"(全集卷16,第671页)[1]海德格尔在访谈中反复使用带有冠词的"神"。如果认为海德格尔在此指的是"最后之神",那可能太过轻率。然而整个情状与《哲学论稿》具有相似性。"如今的世界状况"由"存在之离弃状态"支配。事关宏旨的不再是"改变",而是"拯救"。海德格尔再一次触及了其思想的革命性核心,以便在对戏剧性的提升中为这种核心配备一种"拯救"的神学性—叙事性的事件。

如果说海德格尔的哲学开端与"冷杉和蜡烛的香气"中的天主教"魔法"联系在一起,那他的后期思想是在另外一种"魔法"中进行的。他自己曾指出过自己的"反-基督教"(全集卷97,第199页)倾向。他不是"基督徒",因为"按基督教的说法,他并不拥有恩典"。海德格尔导向哲学的决断无疑同样是一种针对神学以及在神学中显露而出的基督教的决断,而海德格尔在另一处明确将基督教区别于"基督信仰"(Christlichkeit)(全集卷97,第205页)。"信仰"始终是"思想"之外的一个激进而不受触碰的选项。"信仰"始终是"死敌"。然而对于一种业已成为习惯的基督教而言,"癫人"的话是

---

[1] 参看海德格尔:《讲话与生平证词(1910—1976)》,第799、800页。——译注

然而——海德格尔的"反基督教"倾向绝不能（仅仅）被理解为一种在"信仰"和"恩典"面前素朴的保留态度。在20世纪40年代《黑皮本》中的《评论四》中，海德格尔提到，"耶和华"乃是"众神中的那样一位"，"他妄称自己是被选中之神而无法容忍自己以外的其他的神"（全集卷97，第369页）。于是他问道："一位反对其他的神而把自己提升为被选中之神的是什么样的神？无论如何他'绝非'那独一之神，如果如此意指之物能具有神性的话。"当海德格尔在《哲学论稿》中想要在一种"未决"之中令一神和多神之间的差异保持为悬而不定，那么现在他的意思更加明确了。"完全独裁的各现代体系"起源于"犹太-基督教的一神论"（全集卷97，第438页）。海德格尔再一次重提自己的反犹策略，如果说不是翻转德国人和犹太人之间的罪犯—牺牲者的关系，就是将两者进行平衡直至取消。"犹太-基督教的一神论"，使自己成为"被选中之神"的"耶和华"，背叛了"众神"的复数性，从而为"完全独裁的各现代体系"做了铺垫。与此相反，反罗马的、反教派的、反普世的当然也是反犹的国家社会主义恰恰对那些一些诗人、思想家和作曲家怀有巨大的同情，他们将"众神"的地位置于唯一之神之先。海德格尔的"反基督教"倾向在国家社会主义时期并不是非同寻常的现象。

"技术的本质"

弗里德里希·尼采与恩斯特·云格尔

正如吕迪格尔·萨弗兰斯基所写，20世纪50年代初，"海德格尔用合置（Gestell）这一表达来指称技术世界，这一表达在德国到处流传"[①]，而大约从20年代开始，海德格尔就已经开始探讨"技术的本质"。随着时间的推移技术成为他的主要论题之一。

在1945年出版的《1933/34年校长就职报告》中，海德格尔指出，在1932年左右他已经对恩斯特·云格尔的著作《总体动员》（1930年）以及《劳动者：统治与型式》（1932年）进行了研究和"详细讨论"（全集卷16，第375页），包括文章《论痛苦》（1934年）他也仔细阅读过。海德格尔试图让人去理解，在这些文本中"显示出一种对尼采的形而上学的本质性理解，因为它在尼采的形而上学的视域下对西方历史及当下做出观察和展望"。尼采和云格尔是那样两个形象，他们推动了海德格尔首先作为"谋制"之后又作为"合置"的技术阐释。兴许哲学家借助恩斯特·云格尔的上述文本才第一次注意到技术是一个哲学问题。

[①] 吕迪格尔·萨弗兰斯基：《来自德国的大师——海德格尔及其时代》（*Ein Meister aus Deutschland. Heidegger und seine Zeit*），卡尔·汉泽出版社：慕尼黑与维也纳，1994年，第453页。（中译参看萨弗兰斯基：《海德格尔传》，靳希平译，商务印书馆，1999年，第524页，译文略异。——译注）

这并不意味着，海德格尔在此之前没有对"技术世界"的衍生物进行过讨论。《存在与时间》中对"人们"的分析便与这些现象中的一个相关。哲学家提到了"对公共交通工具的使用"，"对信息沟通系统（报纸）的运用"（全集卷2，第169页）所带来的敉平化效果，然而针对现代技术的划时代的崭新之处他首先是受到云格尔的启发。

云格尔著作的目的是尝试认清，一种新的人类"类型"（Typus）如何紧接在"一战"的"消耗战"之后在历史中出现。"类型"乃是一种样本或者模型。那事先规定着它的东西正是技术。云格尔借鉴军事用语将技术的特征刻画为"总体动员"（totale Mobilmachung），即把一切世界领域和生活领域都置入运动之中（In-Bewegung-setzen）的过程。

在云格尔看来，在"一战"的"消耗战"中"士兵"表明自己是一种能够与"总体动员"相呼应的"类型"。在诸如《钢铁风暴》（1920年）或者《小树林125》（1925年）中云格尔描写了战争中的日常。"士兵"明白，在这样一种日常中作为个体的他并不是决定性因素。他需要的是尽可能完美地完成其"劳动"[1]。其中，"机器"乃是"人类对物质的统治意志的表达"[2]。"士兵"必须与机器"融合在一起"[3]，一种"技术本能"必须"注入他的血液"。

云格尔认为，"士兵"的这样一种对待自己的世界的态度在"一

---

[1] Arbeit，这里也可译为"工作"，为了和"劳动者"（Arbeiter）的译法一致译为"劳动"。——译注
[2] 恩斯特·云格尔：《小树林125：1918年堑壕战纪年》（Das Wäldchen 125. Eine Chronik aus den Grabenkämpfen 1918），E. S. 米特勒与佐恩出版社（E. S. Mittler & Sohn）：柏林，1925年，第121页。
[3] 云格尔：《小树林125：1918年堑壕战纪年》，第127、128页。

战"以后已经凝固为"类型化的"生活方式。不过这种生活方式中的"类型"不再是"士兵",而是"劳动者"。"劳动者"不再把生活理解为一种通向幸福的个人可能性,而是理解为效力于"权力意志"的任务,他通过这种效力来达到统治地位,从而在"总体动员"的意义上对世界进行组织。"劳动者"之"类型"并非经济学或者社会学现象,而是一种形而上学的"型式"(Gestalt)。在海德格尔看来,云格尔由于运用"类型"和"型式"的概念而处身于柏拉图思想的传统中。因此"形而上学之克服"必定同样涉及云格尔的文本。

云格尔在《劳动者》中对技术进行如下定义:"技术是劳动者之型式对世界进行动员的方式和方法。"[①]云格尔在这里所观察到的现象明白无疑。在此涉及的是一种无所不在的对人、机器以及信息进行加速的经验。为了将遍及各处的生产活动、速度与能源消耗的增长情况确定下来,云格尔在他的文章中系统地研究了全部世界领域(即便体育与业余活动也被解说为"劳动")。

海德格尔正确地令人注意到,云格尔的思维方式表明自己是弗里德里希·尼采的学生和继承者。对云格尔而言,尼采是"权力意志"和"超人"哲学家。尼采后期显白公开的主要思想影响了《劳动者》的写作:"生命"存在于"权力意志"当中,因此对"权力意志"最大限度的"肯定"使人类超越自身亦即成为"超人"。正是尼采,在遗稿的一个片断中(云格尔是通过当时通行的《权力意志》版本而了解到的)建立了"士兵"和"劳动者"之间的联系:"劳动者应当像士兵那样学习接受。"事关宏旨的是,"按照其各自的方式

[①] 恩斯特·云格尔:《劳动者:统治与型式》,全集卷8,克勒特·科塔出版社(Klett Cotta):斯图加特,1981年,第160页。

来设立个人，以便使他能够完成至高之事"①。而尼采此前在对"机器"的神化中同样是沿着这个方向进行思考的：

> 作为教师的机器。——机器在行动中通过自身来教你人群之间的相互啮合技术，在行动中每个人只要做一件事：它给出了组织党派和进行战争的模板。另一方面，它不教你个人的专横独断：它从许多人中造就一台机器，用每个个人来造就一件达到一个目的的工具。它最普遍的效果是教你认识到中央集权（Centralisation）的好处。②

从这样一种原始的控制论式的思想出发，云格尔能够以一种极具原创性和启发性的方式来拟就其关于"总体动员"与"劳动者"的形而上学。

然而，海德格尔在1930年左右认为自己能够接续云格尔对"总体动员"的讨论，这还有另外一个理由。在其文章《总体动员》中，云格尔一开始将"总体动员"称为"组织性的思维的措施"，随即又补充说，这"只是时代加诸我们身上的那种更高等的总体动员的一种暗示"③。这种对"时代"和集体-主体（Kollektiv-Subjekt）的指示必定引起了海德格尔的注意。文章结尾在对尼采的暗示中证实了上

---

① 弗里德里希·尼采：《1885年至1889年遗稿残编》（*Nachgelassene Fragmente 1885–1889*），KSA版卷12，第350页。
② 弗里德里希·尼采：《人性的，太人性的》（*Menschliches, Allzumenschliches*）第二卷，KSA版卷2，第653页。（中译参看尼采：《人性的，太人性的》，杨恒达译，中国人民大学出版社，2005年，第532页。——译注）
③ 恩斯特·云格尔：《总体动员》，收于《1919年至1933年政治传播》（*Politische Publizistik 1919–1933*），斯文·奥拉夫·贝尔戈茨（Sven Olaf Berggötz）编，克勒特·科塔出版社：斯图加特，2001年，第572页。

述印象:"因此我们已经长时间陷入其中的崭新的军备必定是一种对德国人的动员——此外无他。"①两年以后云格尔在《劳动者》中表达得更加清楚:"这是我们的信念:劳动者的崛起就意味着德国的一种崭新的崛起。"②海德格尔可能认为,他找到了一个"元政治学"意义上的同盟。

1933年11月,在一个新生入学讲话中海德格尔重点提到了云格尔的《劳动者》。云格尔"依据于对世界大战中的消耗战的经验,通过劳动者之型式而根本地阐明了下一个时代之人的那种升临着的存在方式"(全集卷16,第205页)③。他由此为将来的"学生"树立了一个榜样:"这种类型的大学生不再'学习',也就是说,他不是始终在某处安全地坐着,以便只是坐着从那里'努力'到别的什么地方去。这种新类型的知识意求者在任何时候都是在路上的。而这种大学生变成了劳动者。"(全集卷16,第204页)④在其"元政治学的"思考中,海德格尔似乎同样探讨过云格尔的"劳动者"-"型式"。"劳动者""将民族移置并接合入存在的一切本质性力量起作用的领域"。"国家社会主义的国家"是"劳动国家"(Arbeitsstaat)(全集卷16,第206页)。海德格尔是准备好了在"历史性民族'之'元政治学"的过程中去接纳作为"总体动员"的技术?

三四十年之后,海德格尔在一份《黑皮本》中再一次提及了云格尔的"总体动员"概念。"技术"既不是以"'形而上学的方式'——在存有之真理或者非真理中——得到把握,也不是通过那

---

① 云格尔:《总体动员》,第582页。
② 云格尔:《劳动者》,第31页。
③ 参看海德格尔:《讲话与生平证词(1910—1976)》,第259页。——译注
④ 参看海德格尔:《讲话与生平证词(1910—1976)》,第257页。——译注

样一种方式得到掌控，即把技术视为对此在的'总体'规定"（全集卷94，第356、357页）。技术"依其本质"必然会成为一种总体规定。然而我们如何去"忍受"这一点？通过"单纯的承认"，就像云格尔本人所建议的那样？海德格尔否定了这一看法并且补充说，人们必须"严肃对待"这样的"可能性，即经由技术性的东西本身的'总体动员'一切最终都被完全地关闭了，尤其是当无处可以开启对这种发生事态的有所可能的超逾的源泉时"。只有当我们"在历史性的沉思中"返回得"足够远"——"返回到 *téchne*［技艺］，*alétheia*［真理，无蔽］和 *ousia*［实体］之间的关联中"，这种开启才"有可能"。就像海德格尔再一次强调的那样："只有从对存有及其真理的追问出发，对技术进行探究的空间才能对我们出现……"这便是海德格尔如今以哲学的方式接近"技术"问题的纲领。

因此，当1940年初海德格尔在一个"同事间的小圈子"里又一次公开对云格尔的《劳动者》进行论战性的解释时，《劳动者》在他看来成了"形而上学的市侩"（全集卷90，第33页）。如今海德格尔将其视为"时代写手"（全集卷96，第224页），视为奥斯瓦尔德·斯宾格勒之外"对尼采的形而上学最好的、作用最大的大众化"（全集卷97，第171页）之一。1939年云格尔出版了一部小说《在大理石悬崖上》，这部小说可以被看作影射国家社会主义的黑色寓言。在海德格尔看来，这部小说只是"终结了的形而上学（尼采）时代内的手足无措"（全集卷90，第29页）。然而，海德格尔在"总体动员"的概念中认识到一种挑战，这一挑战最终促动他找到了在萨弗兰斯基看来是传奇性的"表达即合置（Gestell）来作为对技术世界的标示"。

"谋制"与"合-置"

海德格尔的技术哲学源自"对存有及其真理的追问",即它在"存在之历史"的叙事中有其位置。这意味着,考察技术的方式不是将其作为一个孤立的现象,而是始终置于绵延2500年的历史的语境关联中。因此理解技术或者技术性的东西意味着阐释并澄清这一历史。而这又意味着,海德格尔将技术的历史与 téchne 一词的出现联系在一起。就像在其他地方一样,"存在之历史"从这一角度看同样是在"希腊人"那里开始的。

海德格尔对"希腊人"的技术的探讨几乎独独在于对索福克勒斯《安提戈涅》第一合唱歌的翻译与解释。海德格尔将这首合唱歌的开头翻译为:

> 陌异可怖者(Unheimliche)千奇百怪,却无物陌异可怖胜于人。(全集卷40,第155页)[1]

索福克勒斯将人刻画为"最陌异可怖者",这指向的是人利用自然的能力。索福克勒斯使用了 téchne 一词,并将其与另一个词 tò machanóen 联系起来。后者与形容词 mechanikós[2] 同源,而 mechanikós 的意思是"头脑灵活的""机敏的"或"诡计多端的"。tò machanóen——人的灵活性,海德格尔翻译为"造作"(Gemache)(全集卷13,第36页)——是聪明的(sophón)。何物具有这种灵活性?技术(téchne)。不同于对 téchne 有所谈论的哲学家(比如说大约出生于索

---

[1] 参看海德格尔:《形而上学导论》(新译本),第168、169页,译文不同。——译注
[2] 古希腊文,意为精巧的,巧妙的,技巧的,机智的,有关机械的。——译注

福克勒斯死后二十年的亚里士多德,在《尼各马可伦理学》1140a10探讨了这个概念),索福克勒斯强调技术的矛盾张力乃至悲剧性维度。聪明的灵活性和机能诚然显示了人类的伟大,然而也因为这一点人类被引诱着进行冒险(*tólma*),始终处于失败的危险中。

在近代的开端,勒内·笛卡尔迈出了"存在之历史"中对于技术的内涵而言(同时不止于此)关键性的一步。在海德格尔看来,在人类开始被视为主体之处,"存在者"就成了一种可以测量和计算的客体。"对存在者的对象化实现于一种表象(Vor-stellen),这种表象的目标是把每个存在者带到自身面前来,从而使得计算的人能够对存在者感到确实,也即确定。"(全集卷5,第87页)①实际上,笛卡尔将真理规定为确定性(*certitudo*),即一种能够被主体检验并由此一劳永逸地得到固定的真理。显而易见,笛卡尔此间能够利用近代所发明的技术手段(比如显微镜、望远镜)。与此相应,笛卡尔在1637年的《谈谈方法》中将人称为"maîtres et possesseur de la nature"②,自然的掌控者和拥有者。技术成了"谋制"。

使用"谋制"这一概念并不是毫无问题的。海德格尔自己指出,"'谋制'通常"指的是"处在无害的活动的假象之下以利益为鹄的并热衷于欺骗的人类的阴谋活动"(全集卷69,第186页)。这样一种"谋制"不足以把握云格尔以"总体动员"所先行思考过的技术的"存在历史性的"形式。"谋制"命名的是"令一切存在者移置入可制作性和制作性(Machbarkeit und Machsamkeit)中去的存在的本质"

---

① 参看海德格尔:《林中路》,第95页。——译注
② 笛卡尔:《谈谈方法》(*Discours de la méthode pour bien conduire sa raison, et chercher la verité dans les sciences*),收于《哲学著作集》(单卷本)(*Philosophische Schriften* in einem Band),费利克斯·迈纳出版社:汉堡,1996年,第100页。

(全集卷69，第46页）。所有"存在者""总是已经"在"制作"的视角下得到考察。如果说"谋制"乃是"存在的本质"，就像"近代"所表明的那样，那么"作为人类的阴谋活动"的"谋制"就不能要求一种优先地位。尽管如此，海德格尔在此同样是在相互"需用"的关系中进行思考的。因此，"谋制""作为人类的'姿态'首先在那样一个地方才无所约束地起着作用，在那里人类业已处身于存在者之中"，"作为力量的它的存在将其本质"提升入"谋制的极端之境"（全集卷69，第186页）。就此而言，只有当一种"存在历史性的""谋制"先行发生，"人类的""谋制"才会发生。因此，谁总是显现为"谋制"的代理人——国家社会主义者、布尔什维克主义者、美国人或者"犹太人统治世界的阴谋"——谁就不可能作为"谋制"的本源起作用。这当然并不会改变这样一点，即存在一种"人类"，他们特别善于同"谋制"产生呼应。

而海德格尔这样一种对概念的选择所包含的问题已经由此显明出来了。当海德格尔将"技术的本质"称为"谋制"，在20世纪30年代中期，他不可避免地将一种道德评判赋予这一"本质"。当海德格尔对"技术与拔根过程"进行反思之际，《黑皮本》证实了这一印象。"收音机和形形色色的组织机构"摧毁了"农村的内在生长亦即朝向传统的持续往回生长，并由此摧毁了农村自身"（全集卷94，第364页）。"人们"如今设立"农民'社会学'的教授教席"，写作"汗牛充栋的有关民族性的书籍"。然而这一切本身就属于"拔根过程"，这一"拔根过程"必须被理解为"谋制"的一种效果。

在这样一种"拔根"现象的基础上，海德格尔谈到了"谋制的非历史（Ungeschichte）"（全集卷69，第23页）。海德格尔在"存在之历史"的叙事中首先归给"技术的本质"以一种可以想象的糟糕位置。"谋制"摧毁"历史",令"历史"变得不可能。由此在"存在自身"中产生出某种海德格尔试图加以抵制的特定的张力。事关宏旨的是,"通过跳入形而上学之克-服来动摇历史并由此促使存在者整体摆脱谋制的圈套"(全集卷69,第24页)。这意味着"向着自由的解放,这种自由是为着存有之真理的自由"。换言之,海德格尔认为,"谋制"呈现为需要"克服"的"存在之本质"。他假定,事关宏旨的是从如此这般得到思考的"技术的本质"那里的"解放"。

海德格尔对"二战"及其带来的毁灭的观察完全处于这种"解放"的标志之下。即便当他评论说,"这种'谋制'",即"人类的阴谋活动"意义上的"谋制""至多是以存有历史性的方式得到思考的谋制的一个遥远的结果"(全集卷69,第47页),"解放"恰恰完全处于其注意力的焦点上。在此变得清楚的是,对"谋制"的"克-服"最终只有当"谋制"趋于"自我毁灭"(全集卷97,第18页)时才会变得可能。海德格尔对"二战"的摧毁性事件的肯定遵循的是这样的逻辑:毁灭留下的痕迹越是深刻,"形而上学之克-服"亦即"谋制之克-服"才越是可能。

当海德格尔把"存在之真理"的"牺牲者"(全集卷54,第250页)的角色赋予战争中的"德国人"并将技术等同于"本质上'犹太性的事物'"(全集卷97,第20页)时,这样一种思想中所包含着的道德上的疑难越发加强。即便完全不管这一点,"技术之本质"也无法以这种方式得到理解。当"技术之本质"被把握为"谋制",它从一开始就被解说为一种恶的"力量",这种"力量"最终必须自我毁灭,从而为另一种"存在之本质"——"为了存有之真理的自由"——腾出空间。这种思想始终陷在一种摩尼教的叙事中,技术在其中必定最终总是显现为一种恶。然而倘若技术归属于"存在",

那么——在甚至包括战争与大屠杀在内的所有事实上负面的现象那里——就没有理由将其谴责为"谋制"。①

随着1945年5月"第三帝国"的崩溃,海德格尔思想同样产生了一种休止。哲学家必须重新寻找定向,这并不仅仅涉及技术问题。"存在之历史"的叙事必须改写。"德国人"作为"另一开端"的担保人的角色已经完结。海德格尔明白,他不再能够公开地支持荷尔德林作为担保人的思想形象。然而"就存在历史而言"也产生了另外一种情况。"谋制"并未自我毁灭。"没落"(参看全集卷73.1,第843页)的叙事的戏剧性让位给一种冷静,这种冷静在海德格尔的思想中引发了另外一种语调。经过所有的毁灭过程"技术世界"维持着自身。技术必须在变化了的条件下再一次得到彻底思考。

当海德格尔在1949年12月在"不莱梅俱乐部"(Club zu Bremen)精选出来的小圈子里进行他的系列演讲《观入在者》(Einblick in das was ist)时,那些听众乃是其改变了的技术思想的见证者。"谋制"概念消失不见了。"制作"(Machen)的语义学领域被"摆置"(Stellen)所代替。"存在者"成了"可订造的持存物"(bestellbaren Bestand)(全集卷79,第26页)②。"什么叫'摆置'?"海德格尔如此问道并首先提到"表-象某物,制-造某物"③的用法。然而还存在作为"促逼、要求、迫使自行摆置",简言之,作为"合置"的

---

① 海德格尔曾写道:"合置既非神性亦非魔鬼——它无法从善与恶出发在存在者层面得到澄清,但是恶伪装在它之中并且本质上通过自身而自行伪装着;因此在存有自身中有恶。"(全集卷76,第354页)这已经表明,海德格尔将"恶"理解为"存在"的一个环节。然而"摩尼教"能否就这样从根本上被避免?

② 参看海德格尔:《不莱梅和弗莱堡演讲》,孙周兴、张灯译,商务印书馆,2018年,第33页,译文略异。——译注

③ "表象"(vorstellen)和"制造"(herstellen)的词根都是"摆置""设置",按字面可以分别理解为"将某物摆到前面"(vor-stellen)和"将某物摆出来"(her-stellen)。——译注

"摆置"（全集卷79，第27页）①。"摆置"的发生一方面着眼于自然。技术"摆置"自然，"促逼自然"，自然的原材料由此被"挖掘"（gefördert）。自然中的"在场者"因而成为"持存物"。然而"人"同样受到"摆置"。他受到技术的"摆置"，从而"促逼"自然。但他同时也"摆置"自己本身，把自己变成"持存物"。"摆置"无所不包把一切都拽入其动力学之中。

于是海德格尔相信自己可以说：

> 耕作农业现在成了机械化的食物工业，本质上与在毒气室和集中营中生产尸体是一回事，与国家封锁和绝粮迫降是一回事，与生产氢弹是一回事。（全集卷79，第27页）②

这一评论的策略是显而易见的。海德格尔想要表明，人类在多大程度上也已经变成了"持存物"。并不存在人类可以在它面前保全自身的对"在场者"的"工业化"理解。人类似乎已经把自己变成了"原材料"。"在毒气室和集中营中生产尸体"不是这一进程的明确证明吗？这一思想的问题并不在于海德格尔使用了如此这般的表述方式。汉娜·阿伦特同样使用过这种表述方式。③

在这一说法中实际上有两个问题需要指出。海德格尔涉及的是上述现象的"本质"。这种"本质"在任何地方都是"一回事"（das Selbe）。但是同时他知道的是，他的演讲的听众可能并没有准备好在道德角度认同这一思想。这一角度完全被隐去了。但是出于何种

---

① 参看海德格尔：《不莱梅和弗莱堡演讲》，第35页。——译注
② 参看海德格尔：《不莱梅和弗莱堡演讲》，第36页，译文略异。——译注
③ 汉娜·阿伦特：《极权统治的要素与起源：反犹主义、帝国主义、极权统治》，皮珀出版社，慕尼黑与苏黎世，1986年，第912页。

理由海德格尔想要澄清,"食物工业"与"生产尸体""在本质上是一回事"？海德格尔以顺带性的方式提到可怖之物就仿佛这是不言而喻的,他的话难道不是仅仅以这种方式"起作用的"吗？没有提及的事情是,就道德角度而言食物生产和大屠杀绝对不是"在本质上一回事"。通过这种沉默不语,修辞上的效果可能变得更为强烈。然而从修辞效果来利用灭犹大屠杀,这在何种方式上具有合法性？

此外,大约八年前,海德格尔在《黑皮本》的一册中已经把握住了相似的思想,只是以完全不同的方式进行表述。在那里,海德格尔提到"形而上学意义上本质性的'犹太性'（Jüdischen）"（全集卷97,第20页）,这种"犹太性"对抗着"犹太性"。哪里发生了这一点,哪里就"达到了历史中自我毁灭的高潮"。这一思想同样利用了那样一种认识,即所有的事物"在本质上是一回事"——所有事物在所谓"犹太性的本质"中都是"一回事"。这里的"犹太性"只能被理解为"谋制"的同义名称。如此得到理解的"犹太性"在哪里与"犹太性"相对应,哪里就有一种最高程度的"自我毁灭"。这种"自我毁灭"没有显露在"在毒气室和集中营中生产尸体"中吗？在《不莱梅演讲》中对这一几乎相同的思想的表达出于显而易见的理由得到了改变。他不能或者不愿意提到灭犹大屠杀那难以言说的罪行。

根据演讲的戏剧编排,听众在文本的这个位置还无法知晓这一切导向的是什么。海德格尔指出了"摆置"的更进一步形式。他解释说,"订造"袭击"自然与历史,人性的和神性的东西"（全集卷79,第31页）[①],它"以合置来关涉一切在场者,其着眼点是一切在

---

① 参看海德格尔:《不莱梅和弗莱堡演讲》,第40页。——译注

场者的在场状态"（全集卷79，第31、32页）[①]。这种"从自身而来集中起来的摆置之聚集，在其中一切可订造者都在其持存物中成其本质"，乃是"合－置"（全集卷79，第32页）[②]。它命名"由自身集中起来的、普遍的订造，亦即对在场者整体的完全的可订造状态的订造"；这是海德格尔对云格尔"总体动员"的存在论解释。

"在本质上是一回事"这一表述由此获得了其真正的意义：令一切事物变成"一回事"的"本质"乃是"合－置"（Ge-Stell）。"合－置"——"技术之本质"（全集卷79，第33页）。海德格尔强调，"技术之本质本身不是任何技术性的东西"（全集卷79，第60页）[③]。"合－置"不是任何"存在者"。它不仅仅不是任何"存在者"，它甚至是"本有的首次闪现"（全集卷76，第258页），海德格尔时不时如此评论道。

然而这一思想始终是晦涩的。当海德格尔暗示说，"技术之本质""从它这一方面而言需要在其具有本有性质的本质中得到思考"，并且它"根本上首先需要与本有一起"得到理解，其哲思的古老的"末世论式"特征再一次显露出来。"一个领域抵达了，在这一领域之内人在本有中与本有的隐蔽关联"允诺了"对技术的经受"（全集卷76，第325页）。"存在之历史"尚未终结。它的叙述者无法放弃"对技术的经受"的思想。

从对云格尔有关"总体动员"的文本的阅读出发，海德格尔做出决断，一种技术哲学必须"从对存有及其真理的追问中"产生出来。"合－置"的思想是海德格尔作为技术哲学家试图给出的最后回

[①] 参看海德格尔：《不莱梅和弗莱堡演讲》，第40页。——译注
[②] 参看海德格尔：《不莱梅和弗莱堡演讲》，第41页。——译注
[③] 参看海德格尔：《不莱梅和弗莱堡演讲》，第74页，译文略异。——译注

答。然而它始终是不完整的，如果其后期思想的另一条道路没有得到呈现的话。

在"四合"中到达？

《不莱梅演讲》不仅仅是"合-置"诞生的文本，它也是"四合"的诞生地。①"合-置"与"四合"以一种特殊的方式共属一体。然而此间重要的是看到，海德格尔如何引入"四合"的思想。此外还必须考察，"四合"多大程度上呈现了那条"思想道路"上最后的阶段，在这条"思想道路"上海德格尔展开着"世界"问题。

在技术问题的语境中，海德格尔区分了"物""对象"和"持存物"。在题为"物"的演讲中实际上首先涉及的乃是"近"（全集卷79，第6页）。哲学家想要表明什么是"近"，并且为了澄清这个问题而对"处于近中"的东西进行追究。那便是"物"："然而什么是一个物？"由此开始了对海德格尔将其称之为"物"的一种"存在者"的独一无二的分析。

此间海德格尔选择了一个特定的"物"，一把"壶"。然而就像在"物"的情况中那样，对于"壶"同样必须追问，什么是"壶"。海德格尔随之进行了令人印象深刻的"现象学"描述，其巅峰在于显示出在多大程度上"壶"聚集了"大地与天空，神性者与终有一死者"，以及"四者的纯一"，简言之："四合"（全集卷79，第12页）②。由于"物"能够做到这一点，因此就其"本质"可以说，"物

---

① 对"四合"思想最详尽、准确和美妙的分析是安德鲁·米切尔的《四合：阅读后期海德格尔》（*The Fourfold: Reading the Late Heidegger*），西北大学出版社：伊利诺伊州的埃文斯顿，2015年。
② 参看海德格尔：《不莱梅和弗莱堡演讲》，第13、14页，译文略异。——译注

物化"(Ding dingt)(全集卷79，第13页)。

而"对象"和"持存物"具有不同的属性。与"对象"相应的始终是一种"单纯的表象活动"(全集卷79，第6页)。因此"对象"首先便是"客体"，这一"客体"必定始终是某个"主体"的"客体"。在海德格尔看来，自笛卡尔以来"主体"和"客体"在"主体-客体-关系"(全集卷65，第198页)中共属一体。必须与"对象"区分开来的还包括"持存物"。"对象"在"相对"(Gegenüber)①中首先保有一种"距离"(全集卷79，第25页)。然而这一"距离"并不稳定。它转而变成"无距离之物"。于是一切"对象"陷落为"同等-有效者"②。"在场者"不再被经验为"对象"，而是"持存物"。这发生在"合-置"的"普泛性的订造过程"中。

但在"四合"中有"物"，在海德格尔看来这些"物"同样包括植物和动物(全集卷79，第21页)。"四合"乃是"世界化着的世界"(weltende Welt)(全集卷79，第20页)。哲学家自20世纪20年代以来就始终在探究那样一种一体化的整体关联的问题，在这种整体关联中"存在者"以及作为特别的"存在者"的"此在"处在一种关系当中。这种一体化的、具有差异性的结构在他看来乃是"世界"。他早先从不同的角度考察作为"周围世界""共同世界"和"自身世界"的"世界"。在《存在与时间》中"此在"作为"在-世界-之中-存在"而得到分析。"世界"乃是"此在"生活"在其中"的东西。

---

① "对象"(Gegenstand)在德语字面上有相对而立的意思。——译注
② 形容词gleichgültig的日常意思是无所谓的，字面上由"同等"(gleich)和"有效的"(gültig)两个词组成，这里分写以后显示了字面的意思，故按照字面将其名词形式翻译为"同等-有效者"。——译注

这种对"世界"的特殊空间性的暗示使我们立刻发现，将万物纳入自身中的"世界"不可能是一个存在者。如果它被视为存在者，它就必然被设想为一种有界限的、限定着所装之物的容器。但是并不存在这样一种超级对象（Super-Gegenstand）。在这种非对象性的眼光下——或者用海德格尔的语汇来说"世界"的"非存在者性"（Nichtseiendheit）——"存在问题"与"世界问题"（全集卷27，第394页）之间的联系是显而易见的。海德格尔讨论了这一点，但似乎并不准备将"存在问题"的地位削弱。"存在"最终对他而言描述的是一种更为原初的现象。这一点要从如下背景得到理解：柏拉图和亚里士多德哲学并没有认识到"世界问题"的意义，正如"世界问题"在近代比如说康德那里第一次出现时的情形那样。尽管如此，在"世界"的存在论地位的基础上，即"世界"并非"存在者"，海德格尔对"世界问题"的兴趣始终是清晰可见的。

"世界"并非"存在者"，但同时又不能与"存在"等同，这个状况似乎颇为棘手。如果"世界"概念既不描述与某个普遍者相联系的特殊者，也不描述高于特殊者的普遍者，那么关于"世界"我们究竟还能说些什么呢？（复数的"世界"一词的作用仅仅在于通过一种更为准确的指示将某一单个的"世界"区分于其他的"世界"：比如"手艺的世界"。但是这样一来如此这般的"世界问题"也已经变得无法得到认识了。）海德格尔用一个同语反复从这个表面疑难中脱了身："世界世界化"（Welt weltet）(《本源》，第30页）。"世界"之"存在"的方式是，"世界""世界化"。

海德格尔经常使用这样一种同语反复（比如"物物化"）。在日常语言中同语反复式的表达对我们而言是熟悉的："青草""变青"，"拂晓""破晓"。为了避免重复，我们将这些动词与无人称代词

"Es"一起使用。①对海德格尔来说,重要的是能够表达出一种完全特别的"世界"的发生方式,在这种发生方式中,"世界"并非"存在自身",却"如存在般"(seinsmäßig)发生。"世界"与"存在"处于这样一种切近关系中,这一点再次证实了海德格尔的演讲《艺术作品的本源》中的话:"世界世界化,它比我们自以为十分亲近的可把握和可觉知的东西更具存在特性(seiender)。"②"世界化着的世界"能够比可把握和可觉知的"存在者"更具"存在特性",这样一种思想包含在"存在之历史"的叙事中。哲学的历史诚然识得一种存在论的经济学,在这种经济学中"存在"能够比如说在对 óntos ón [存在着的存在者] 和 mè ón [非存在者] 的柏拉图式区分中、在不同的强度等级中得到思考,然而海德格尔无疑意图指向"世界"所包含的本有-特征(Ereignis-Charakter)。因此他在解释过程中补充道:"在我们的历史的本质性决断发生之处,在这些本质性决断为我们所采纳和离弃,误解和重新追问的地方,世界世界化。"(《本源》,第31页)③"世界"是戏剧的地点,悲剧的地点。因此"世界"不能首先被理解为"此在"的一个稳定的生活空间,而是生活空间基于重大政治事件而在这一地点上变得棘手乃至崩溃。正是这一点令海德格尔对寻觅着"完全的断裂"(全集卷60,第69页)的"原始基督教"的"实际生活"产生兴趣。而在1933年的"国家革命"中他再次认出了这一点。

海德格尔前后一致地策划着这种戏剧化。"在世界化中,那种广

---

① 原文为 das "Grün" "grünt",der "Tag" "tagt"。其名词与动词形式相同。同样的意思德文还可以使用 es grünt,es tagt 来代替,es 在此是无人称代词,作为形式主语使用。——译注
② 参看海德格尔:《林中路》,第33页。——译注
③ 参看海德格尔:《林中路》,第33页。——译注

袤聚集起来；由此广袤而来，众神有所保存的恩宠"赠予或者拒绝给出自身。甚至那"上帝缺席的厄运也是世界世界化的一种方式"①。在其1933年左右的思想的"元政治学"关联中，海德格尔断言，如果一个"民族"根本上能够建立起来，事关宏旨的便是"神真实显现抑或不显现于民族之存在中"（全集卷39，第147页）②。令"世界问题"维系于这样一种神显或者神显之缺席，这属于海德格尔的"存在历史"的叙事性基本特征。

海德格尔的表述"犹太文化的无世界性"（全集卷95，第97页）表明了这样一种对"世界"的理解包含着哪些问题。海德格尔的看法似乎绝不是，这种"无世界性"必须被归给如此这般的犹太文化。相反，他认为"巨大之物的最隐蔽的形态之一，或许还是最古老的形态"，即"计算、买卖与混杂的长期的灵活性"是"无世界性"的罪魁祸首。因此是"谋制"引起了"犹太文化的无世界性"。尽管如此，引人注目的是，海德格尔谈到"巨大之物的""或许最古老的形态"。也许在"谋制"的历史上犹太文化仍然起着特殊作用，因为海德格尔暗自提到犹太文化具有一种"突出的计算天赋"（全集卷96，第56页）。无论如何，只有当"世界"概念被注入一种叙事性的意义，与"世界化着的世界"不同的"无世界"的思想根本上才是可能的。因为如果"世界化的世界"不是能够进行内容丰富地讲述的事件，它还能是什么呢？对海德格尔而言，"犹太文化"或者"犹太人统治世界的阴谋"在这一叙事中显然呈现出一个缺乏叙事的形象，这一点证明了海德格尔将犹太人与算计能力联系在一起的意图。

叙事的基本倾向同样渗透进海德格尔的"四合"思想中。"四

---

① 参看海德格尔：《林中路》，第33页。——译注
② 参看海德格尔：《荷尔德林的颂歌〈日耳曼尼亚〉与〈莱茵河〉》，第174页。——译注

合"统一了四大要素,即两个对子"大地与天空、神性者与终有一死者"(全集卷79,第17页)。前缀"Ge-"在德语中表示诸多共属一体的事物的聚集。比如说一座山脉(Gebirge)就是不同的山(Bergen)之聚集。①与此相应,海德格尔将"大地与天空、神性者与终有一死者"这四大要素称为"统一的四方"(einigen Vier),"这四方在出于其自身的统一的四合的纯一性中"聚集起来。

在海德格尔看来,"四合"之"世界"只存在于"统一的四方"的这一形式当中。它可能如此这般地存在或者已然存在,这一点不是推导而出的:"四合""既不能通过某个他者来说明,也不能根据某个他者来论证"。它自行发生抑或不发生。海德格尔在此追随着一种反形而上学的观念:作为"四合"的"世界"并不在上帝、主体乃至自然中有其基础。它的存在是无基础的或者"离基深渊般的"。

对于"四合"的思想而言,一个特定的问题产生于这种无基础性。海德格尔必须完全从其自身而来对它进行诠释。他的做法混合了现象学和叙事性的说明方式。海德格尔首先强调,"四合"中的各个要素虽然可以进行单独考察,但不能孤立得到"思考"。这一思想涉及"大地"的部分如下:"当我们说到大地时,我们就已经出于四合之纯一性而思了——如若我们思的话——其他三方。"(全集卷79,第17页)②只有当"大地"与"天空、神性者与终有一死者"一同处于一种关系中时,它才是它自身。这是种现象学指示,这种指示可以通过"大地"本身变得清晰可见。如哲学家所说,只有当"大地"接纳来自"天空"的雨露时,它才可能成为一个"结果实者"。而"神性者"的历史则与大地之丰饶多产结为一体。海德格尔想到的是

---

① 德语Gebirge(山脉)一词是由Berg(山)加上表示聚集的前缀Ge组成的。——译注
② 参看海德格尔:《不莱梅和弗莱堡演讲》,第20页,译文略异。——译注

荷尔德林的颂歌《大地母亲》(Mutter Erde)。此外,"终有一死者"(至少在基督教文化圈中)被安葬于大地中,他由此与"大地"产生联系。离开"其他三方""四方"中的一方便无法得到"思考",这一关联适用于所有要素。在"四合"内,四方以这种方式总是同时显示在四方中,互相叠映为四,因此海德格尔将这种关联全体命名为"镜像-游戏"(Spiegel-Spiel)(全集卷79,第18页)。

为何"四合"最终展现的是一个叙事性的"世界"概念,这一点在"神性者与终有一死者"这个对子中得到了最佳表现。海德格尔进一步将"神性者"刻画为"暗示着的神性之使者"(全集卷79,第17页)[①]。在这一规定中,哲学家一方面参照的是天使形象。天使(angelloi)乃是"使者",按基督教观点它存在于神与人之间的空间,传达着神的意旨(例如基督的降孕与诞生)。然而,海德格尔称其为"有所暗示的使者"。"暗示"是对某种遮蔽了或者将会到来的东西的指示。在海德格尔看来,那个被指示的东西即"神性"(Gottheit)。但神性并不已然就是"神"自身,毋宁说它是"神"在其中方始能够抵达的某种维度(Dimension)。因此海德格尔写道:"从它的[指神性——作者注]隐蔽的支配作用而来,神显现入它的本质之中,而它的本质使之不能与在场者等量齐观。"(全集卷79,第17页)[②]因此"神性者"还不是"神"。它首先为"神"之来临做好准备。一种末世论的叙事因而在"四合"中同样起着支配作用。

海德格尔对"终有一死者"的表述证实了这一点。海德格尔在其更后期的思想中用"终有一死者"代替了"此-在"概念。自《存在与时间》以来,他在"向死存在"中看到了一种对"此在"而

[①] 参看海德格尔:《不莱梅和弗莱堡演讲》,第20页,译文略异。——译注
[②] 参看海德格尔:《不莱梅和弗莱堡演讲》,第20、21页,译文略异。——译注

言具有核心意义的"存在方式"。此外,在将"此-在"转移向"终有一死者"的过程中,他可能是以希腊悲剧为定向。在德尔斐神谕的神话中,希腊悲剧将人理解为 *thnetón* 或者 *brotós*,即与诸神不同的终有一死的生命体。柏拉图乃至亚里士多德拒斥了对人的这一悲剧性规定。这一点同样激发了海德格尔去接纳这一规定。

人乃是"终有一死者",对海德格尔来说这并不是指人必然这样或那样死去。毋宁说,"由于人能够承担作为死亡的死亡(den Tod als Tod vermögen)",它才是"终有一死者"。凭此思想,死亡如同《存在与时间》中那样被看作一种积极的生存可能。我们"能够"赴死,这并不是在 ars morendi [死亡的艺术]① 的意义上,而是在对死亡的敞开性的意义上。而当海德格尔在"能够"这个词中甚至听出"喜欢"一词时②,显而易见的是,在这种意义上的死亡构成了人类的"本质",一种人类"喜欢"的"本质",因为人类就是这种"本质"。

但在海德格尔看来,历史表明人类还不"能够"承担死亡。在有关"合-置"的第二个"不莱梅讲演"中他写道:

> 数十万人成群结队地赴死。他们赴死了么?他们是丧命了。他们是被干掉了。他们赴死了么?他们成了一种尸体生产之持存物的一部分。他们赴死了么?他们是在集中营里被悄悄解决掉了。而且,即便没有这种情况——如今在中国,几百万人陷

---

① 拉丁语,指中世纪晚期的两个相关拉丁文本,这些文本指导人们按照基督教的观念获得"善终"的方式与步骤,它出现的历史背景是之前发生的"黑死病"。——译注
② 德语"能够"(vermögen)一词的词根 mögen 有喜欢的意思,海德格尔曾借此进行语词游戏的发挥。——译注

入贫困，因饥饿而毙命。（全集卷79，第56页）①

几乎从任何角度看都不可能是"悄无声息的"灭犹大屠杀是对人的那样一种理解的范例，这种理解同海德格尔把人规定为"终有一死者"背道而驰。对哲学家而言这种"成群"的死亡是一种"可怕的并不赴死的死亡"。这种罪行不仅毁灭了生命，更有甚者，它毁灭了人的死亡。集中营不仅毁灭了生命，而且毁灭了被杀者的死亡，这一思想很多人提出过。比如埃列·维泽尔（Elie Wiesel）在他的小说《我父亲的死亡》（Der Tod meines Vaters）中这样写道：

> 他的死亡从不属于他，我不知道要把他的死亡归因于什么，应该把他的死亡写进哪一本书。在他的死亡和他度过的生命之间没有联系。他的死亡遗失在群体中，与我父亲呈现的人格没有任何共同之处。②

"生产尸体"这件事在海德格尔看来表明人类"还不是终有一死者"（全集卷79，第56页）。而这对于"四合"来说具有重要的后果。如果"终有一死者""还不"存在，"四合"的结构就并不完整。这根

---

① 参看海德格尔：《不莱梅和弗莱堡演讲》，第69、70页，译文略异。此处可看中译本译注："海德格尔这个系列演讲作于1949年12月1日至1950年3月25—26日，即中华人民共和国成立之初。"——译注

② 埃列·维泽尔：《死者之歌》（Gesang der Toten），贝希特勒出版社（Bechtle Verlag）：慕尼黑与埃斯林根，1968年，第7页。维泽尔的父亲死于布痕瓦尔德集中营（Buchenwald），在集中营的分类中不属于灭绝式的集中营（Vernichtuagslager）。阿伦特和阿多诺做出了与海德格尔相同的阐释，认为"成群"的死亡"不是赴死"。我想要在此打一个问号：对于把赴死所发生的处境进行对象化而言，赴死有着绝对相反的另外一面。因此人们如何做出否定说在毒气室中死去的人并不赴死着他们的死亡？当人们把"取走"死亡的能力让渡给谋杀犯的时候，谋杀犯不是因此获得了最后一次的成功？在海德格尔、阿伦特、阿多诺和维泽尔之间的区别当然在于，维泽尔是一个见证者。

本上导向这样一个问题，这是否也同样适用于"大地与天空"以及"神性者"。"四合"到底具有何种存在论上的状态？

《不莱梅演讲》从有关物亦即"四合"的演讲开始。第二个讲座涉及的是合－置。当海德格尔否定了人作为"终有一死者"的可能性，他就清楚地表明了，在"合－置"中并不存在"四合"。在"合－置"中有"持存物"，但绝没有在自身中聚集起"四合"的"物"。那么"合－置"与"四合"处于何种关系当中？"四合"乃是"对技术的经受"——对"合－置"的"经受"——所发生于其中的"世界"。这一"世界"受到"合－置"的阻碍甚或拒绝。被拒绝的东西并不是不可能的东西。如此看来，海德格尔暗示"世界作为世界而世界化"这件事有一天"兴许忽然"就那么发生了，就不令人大惊小怪了（全集卷79，第21页）。

"四合"属于"本有的神话－逻各斯"，它是一个"诗性生成的"（gedichtete）①"世界"。"合－置"同样是一个神话式的思想意象，尤其当它首先在与"四合"的关系中得到考察时。然而，"如果人们并不知道，诗歌是什么……人们又如何知道，历史是什么"（全集卷76，第233页），是否只有当"诗歌"赋予"历史"以其语言时，"历史"才真的得到展开？这个句子超越了海德格尔20世纪30年代初之后，在发现了"存在之历史"之后的全部思想；它也许甚至超越了海德格尔在"一战"结束后所说的全部东西。这便是最为广义的"诗歌"，以完全诗性的眼光来看待哲学问题，它令这种思想变得如此具有产出力。思想的"道路"，进入到"迷途"中的歧路并不仅仅

---

① dichten在德语中有虚构、创作等义，其名词形式Dichtung指诗歌和广义的文学作品。dichten在海德格尔的文本语境中通常译为"作诗"，指世界境域通过广义的诗歌而生成的过程。gedichtet是dichten经过被动态变形以后做形容词用，这里处为"诗性生成的"。——译注

是由"诗歌"引发的,思想能够是"道路"和"迷途"这一想法本身就染上了诗性的色彩。

问题在于,21世纪的哲学是否并且如何能够接续这样一种叙事性的思想。支配着如今的哲学讨论的冷静态度似乎就在于对神话和哲学的严格区分。神话根本是否还是一个可能的主题?海德格尔留下的东西是看得到的:《存在与时间》,那些为主要著作[1]做准备的讲授课以及主要著作之后的讲授课。不过这只是历史学的、博物馆式的事实。"进入到本有中去的醒觉必须得到经验,它无法得到证明"(全集卷14,第63页)[2],在最晚期的文本之一中海德格尔如是说。哲学必须走出其历史学的居间过程。只有当某人开始进行哲学思考之际,这才会发生。而也许这样一个既不能与"第一开端"也不能与"另一开端"混淆的开端,追随的是一种诗性的冲动。海德格尔的思想超出其作品的历史学流传而留下的东西在于,哲学就意味着一再重新开端。

---

[1] 这里的"主要著作"指的应该是《哲学论稿》。——译注
[2] 参看海德格尔:《面向思的事情》(增补修订译本),第75页,原译文将"醒觉"(entwachen)误译为"不醒"。——译注

影 响

　　海德格尔哲学对欧洲的精神氛围以至整个世界的影响是不可估量的。海德格尔是被翻译最多的德国哲学家之一。当下的法国哲学离开海德格尔哲学是无从理解的。[1]没有什么人文科学能够不受到海德格尔思想的影响，即便有些影响更多（比如文学），有些影响更少（比如历史学）。这一点也是因为海德格尔有一大批学生，他们自己复又产生了巨大影响。

　　在对海德格尔思想所进行的讨论中，语言分析哲学与海德格尔的思想类型及其追随者之间的关系呈现出特别的一章。二者之间难以接近的一个例子是鲁道夫·卡尔纳普出版于1932年的文章《通过对语言的逻辑分析克服形而上学》。在这篇文章中，卡尔纳普引用海德格尔和黑格尔的一些语句指出这种思考方式和方法如何"无意义"（meaningless）。[2]这两位思想家的语句一再陷入语言的独特泥沼中，没有任何可被"经验科学"研究的"经验事实"与其相

---

[1] 多米尼克·雅尼科（Dominique Janicaud）：《海德格尔在法国》（*Heidegger en France*），两卷本，阿尔班·米歇尔出版社（Albin Michel）：巴黎，2001年。法国的当下处境受到比如说让－吕克·南希、让－吕克·马里翁的规定，或者还包括阿兰·巴迪欧，他前不久还出版了自己有关海德格尔的讨论班记录（阿兰·巴迪欧：《海德格尔：存在3——退隐的形象》[*Heidegger. L'être 3-Figure du retrait. 1986-1987*]，法亚尔出版社[Fayard]：巴黎，2015年）。

[2] 鲁道夫·卡尔纳普：《通过对语言的逻辑分析克服形而上学》（"The Overcoming of Metaphysics through Logical Analysis of Language"），收于迈克尔·默里（Michael Murray）编，《海德格尔与现代哲学》（*Heidegger and Modern Philosophy*），耶鲁大学出版社，1978年，第26页以下、27页以下、32页、33页。

应。所以，卡尔纳普甚至没有把这样一种思考类型算作"单纯思辨"或者"童话"，而只是"浮辞"（phraseology）和"虚假陈述"（pseudostatement）。它们只能被看作"一个人面对生活的总体态度的表达"，也就是一种"生活情感"的表达。在这个意义上他将海德格尔、黑格尔或者还有尼采这样的思想家形容为"没有音乐才能的音乐家"。这样一种思想同海德格尔在哲学上的鸿沟几乎无法跨越。因此在当前的"心灵哲学"的语境中同样几乎找不到对海德格尔的延续。

汉斯-格奥尔格·伽达默尔是海德格尔马堡时期的学生。他出版于1960年的主要著作《真理与方法——哲学解释学的基本特征》是那样一种"现象学的解释学"的进一步扩展，在《存在与时间》中海德格尔就将这种"现象学的解释学"展现为他的方法核心。《真理与方法》在20世纪60年代影响了整个人文学科。在伽达默尔的"解释学"中，对文本的阐释不再仅仅被理解为方法。对伽达默尔而言，哲学思考本身就是与"传统"对话。"传统"不仅仅呈现为文献的纯粹累积，它必须"以解释学的方式来经验"[1]——伽达默尔在此同样追随着海德格尔的洞见。在"本真的经验"乃是作为对本己的"历史性"的经验这一思想中，再现了海德格尔关于在"本真性"中变得通透的"生活的实际性"的解释。

雅克·德里达在其作品中对海德格尔哲学的接受随处可见，只不过并非总是一目了然。在论及"书写""文本"和"语言"的张弛关系时，德里达阐明了形而上学思想的优先地位所导致的"逻各斯中

---

[1] 伽达默尔：《真理与方法——哲学解释学的基本特征》（*Wahrheit und Methode. Grundzüge einer philosophischen Hermeneutik*），J. C. B. 莫尔出版社（J. C. B. Mohr）：图宾根，1990年，第363页。（中译参看伽达默尔：《真理与方法》[修订本]，洪汉鼎译，商务印书馆，2007年。——译注）

心主义"（Logoszentrismus）和"语音中心主义"（Phonozentrismus），它们必定会掩盖"书写"和"文本"的原初意义。① "书写"的更为原初的意义不能理解为基础或者原则。相反，它始终受到"延异"（différance）的规定，即一种在"推延"和"分别"的双重意义上的差异化，一个拒斥基础的基础。

尽管海德格尔的思想一方面停留于"逻各斯中心主义"的历史中，另一方面他的哲学却导致了那样一个时代的"终结"（clôture），当思想已将这个时代抛诸身后之际，它同时也无法脱离这个时代。对这个时代的探究对德里达而言乃是一种"解构"（Dekonstruktion）的规划，一种拆解掩盖了"延异"的意义的规划，虽然这种拆解是从"延异"出发才得以可能的。这种"解构"在德里达那里包含一种明确的伦理学含义。

伊曼纽尔·列维纳斯曾经在一次访谈中针对海德格尔的思想表达了他的"钦佩与失望"②。他强调说，通过海德格尔，"存在一词的'动词性'复活了"。海德格尔将"存在"的这种发生特性（Geschehnishaftigkeit）思为"本有"。"存在作为动词的含义"与列维纳斯思想之间的特殊联系在于，通过海德格尔的思想，现象学冲破了胡塞尔的"先验规划"，从而借"存在"的时间性去发现令实践性的问题与经验得以可能的地基。主体"自身"通过"他者"的"要求"才第一次构成了自己，列维纳斯这一突显而出的思想，可能会与海德格尔那种持续的思想尝试联系起来，即尝试去解释当两个

---

① 参看德里达：《论文字学》，第16页以下。（中译参看德里达：《论文字学》，汪堂家译，上海译文出版社，2005年。——译注）
② 列维纳斯：《钦佩与失望》（"Bewunderung und Enttäuschung"），收于《回答——马丁·海德格尔说话了》（Antwort. Martin Heidegger im Gespräch），弗林根，1988年，第163页以下。

相关项（Relatum）①相遇时产生的"本有事件"（Ereignis）。与此相反必须强调的是，尽管《存在与时间》对"共在"进行了分析，"他者"或者如此这般的"他者"的概念不仅仅在海德格尔那里不起什么作用，甚至遭到了阻碍。"存在"忽视了"他者"的"要求"。列维纳斯在文章《海德格尔、加加林与我们》②中表明了这一点。

汉娜·阿伦特，海德格尔的学生和早年的情人，首先在其1960年出版的重要著作《Vita activa或论积极生活》中在海德格尔的技术哲学的范围内进行思考。③而这种哲学似乎同样影响了阿伦特有关灭犹大屠杀的工作，比如她1951年出版的第一部大部头著作《极权统治的要素与起源》④。阿伦特从海德格尔思想那里赢获了某些洞见并将其运用到自己的后期作品《艾希曼在耶路撒冷》，尽管这部著作遭到了强烈的批评。⑤

阿多诺在1964年发表了批判性作品《本真性的行话》。这个标题指涉着海德格尔在《存在与时间》中对本真性的探究。

阿多诺警告说："在德国说着，甚至还写着一种本真性的行话，它成了一群聚集起来的被选者的标记，高贵，同时又乡里乡

---

① 原文为Relata，是Relatum的复数，此处标出单数原形。Relatum源于拉丁文relatum，relatum为动词refero的过去分词，表示与……相关，演化为德文后表示构成某种关系的两个部分。——译注
② 列维纳斯：《海德格尔、加加林与我们》。
③ 汉娜·阿伦特：《Vita activa或论积极生活》（Vita activa oder Vom tätigen Leben），皮珀出版社：慕尼黑与苏黎世，1981年，第244页以下。
④ 阿伦特：《极权统治的要素与起源：反犹主义、帝国主义、极权主义》，第913页。
⑤ 阿伦特对"恶之平庸性"的说明基于艾希曼的"无所思想"（汉娜·阿伦特：《艾希曼在耶路撒冷：一份关于平庸之恶的报告》，皮珀出版社：慕尼黑与苏黎世，1986年，第57页："这种远离现实的做法、这种无所思想所导致的灾难，比人类兴许与生俱来的所有罪恶加在一起所做的还要可怕——事实上，这才是我们真正应该从耶路撒冷习得的教训。"［中译参看阿伦特：《艾希曼在耶路撒冷：一份关于平庸之恶的报告》，安尼译，译林出版社，2017年，第307页。——译注］）。而海德格尔在1954年出版的讲授课"什么叫思想？"中详细处理了"无所思想"的问题（全集卷8，第146页）。

气；作为高等语言（Obersprache）的低等语言（Unterspache）。"[1] 阿多诺对海德格尔的指责针对的是其思想的靠不住的"乡土主义"（Provinzialismus）和支撑他的对"直接之物"的信念，一种"作为语言的意识形态，这种语言无视所有特殊内容"。而阿多诺的批判针对的不仅仅是海德格尔，还包括像奥托·F. 博尔诺（Otto F. Bollnow）乃至卡尔·雅斯贝尔斯这样的哲学家。除了这些意识形态批判式的反对，阿多诺还提出了哲学上的见解，在"本真性的行话"中"承载着形而上学的那些经验仅仅被贬低为""某种思想习惯，这种思想习惯将这些经验升华为形而上学式的痛苦并与引发了前者的实在的痛苦"相分裂。"行话的全部仇恨""针对着这一意识"。实际上在海德格尔那里存在着一种对人类的"实在的痛苦"的少见的漠不关心。

君特·安德斯[2]在1921年到1924年间是海德格尔的学生。2001年才出版的一份批判性笔记证明，安德斯数十年来一直高强度地研究着他老师的思想。与列维纳斯相似，他指责说，尽管海德格尔一方面决定性地赋予20世纪哲学以生机，另一方面却严重忽视了人类生存的伦理-政治特征。所以海德格尔固执于"这个此在"（dem Dasein）却没有考虑自由的人类存在的复数状态。[3]此外，这位海德格尔哲学的批判者特别指出海德格尔对身体之基本的、人性的需求的无视。比如说，为什么当所有"此在"都被"饥饿"所迫时，海

---

[1] 阿多诺：《本真性的行话》（*Jargon der Eigentlichkeit*），舒尔坎普出版社：美茵法兰克福，1964年，第9、44页以下、65、132页。

[2] 君特·安德斯（Günther Anders, 1902—1992）：德国作家。早年跟随恩斯特·卡西尔、海德格尔和胡塞尔研习哲学，自1950年起移居维也纳。著有反法西斯主义的长篇小说《莫鲁斯的下墓穴》（*Die molussische Katakombe*）（1992年）以及批判文化和技术的论著《过时的人》（*Die Antiquiertheit des Menschen*，两卷本，1956年及1980年），反核武器及反越战运动的活跃分子。——译注

[3] 君特·安德斯：《关于海德格尔》（*Über Heidegger*），奥伯施里克（G. Oberschlick）编，C. H. 贝克出版社：慕尼黑，2001年，第61页以下、278页以下。

德格尔却在《存在与时间》中谈论"被抛状态"？安德斯还揭示出，海德格尔的晚期哲学乃"语言－秘传术"（Sprach-Esoterik）和"虔信哲学"（Frömmigkeitsphilosophie）。

格奥尔格·卢卡奇的著作《理性的毁灭：从谢林到希特勒的非理性主义道路》代表了对海德格尔的一种马克思主义－列宁主义式的阅读。令人感兴趣的是卢卡奇就"'此在'的基本的历史性"[1]所说的内容。将这种历史性视为"把握历史的基础"是"纯粹的骗局"。对于海德格尔而言"历史的原初现象乃是此在"。卢卡奇完全错误地从中推论出，"体验"的关联成了"历史性"的基础，从中产生出"双重的扭曲"。首先，"自然之中的历史的事实存在"没有被承认为"历史的原初现象"。其次，海德格尔没有认识到，他的"原初现象"是"社会性的存在、人类的社会实践的结果"。《存在与时间》指涉着"由战后时期帝国主义阶段的资本主义的危机所造成的灵魂状态"。实际上，卢卡奇由此触及一个问题点。海德格尔从未认识到马克思主义式的上层建筑／下层建筑的区分。"社会性的存在"必然总是被转化入一种叙事当中。倘若"社会性的存在"自行显示出它是怎样的，海德格尔会将其视为"无历史的"。

海德格尔哲学对彼得·斯洛特戴克[2]的作品构成一种不可低估

---

[1] 格奥尔格·卢卡奇：《理性的毁灭：从谢林到希特勒的非理性主义道路》，建设出版社（Aufbau-Verlag）：柏林，1955年，第406、407、399页。

[2] 彼得·斯洛特戴克（Peter Sloterdijk，1947— ）：德国当代哲学家。他在1983年出版的《玩世理性批判》（Kritik der zynischen Vernuft），熔辩论、历史书写、诗学与理论分析于一炉，引起极大关注。1987年出版的《舞台上的思想家》以一种世界主义的理性哲学与传统的主体性哲学相抗衡。1999年7月17日他在埃尔茅城堡发表演说《人类公园的规则——对"关于人道主义的书信"的回应》（"Regeln für den Menschenpark-Ein Antwortschreiben zum Brief über den Humanismus"），在这篇演说中他联系海德格尔和尼采，诊察了人文主义时代的终结，人文主义时代在人类通过宗教和教育而文明化之后的死亡，并视现代基因技术为人性的"自我驯服"（Selbstzähmung）的工具。——译注

的影响。这首先显示在他的文集《未被拯救：海德格尔之后的尝试》中。在前言中他写道：

> 海德格尔的成就——以及基于这种成就而来的他的声音在当代与未来之对话中的不可或缺性——在我看来在于，在毕生追问存在这一题目下，他致力于一种纽带逻辑（Logik der Verbindlichkeit），这种纽带逻辑在存在论与伦理学的区分之前便着力于追索有死者与诞生者之此在释放自己与约束自己两种趋势的相互作用。①

斯洛特戴克的"纽带逻辑"正是那个"响应性的"结构，海德格尔从"存在论差异"的研究出发在其思想的核心意象中阐释了这一结构。海德格尔思想对"关–系之本有事件"（Ereignis des Ver-Hältnisses）（全集卷86，第471页）感兴趣并试图在所有可能的地方寻觅它。

让–吕克·南希在其文章《海德格尔的"原初伦理学"》中追踪着一种相似的伦理学兴趣。南希的观点是，"只有一种盲目的阅读或者完全放弃阅读才可能相信，海德格尔对于伦理学问题是陌生的"②。南希解释说，依据海德格尔思想，一种伦理行动在于"存在的意义–属性"（Sinn-Eigenschaft des Seins），"准确而言这种意义–属性存在于一种对意义的生成（Sinn-zu-machen-haben）中"而"不在于对一种已经给出的本己（真）的意义的支配"。"虚无主义"在此显现为"意义的普遍消解"。而哲学家如此解释，"在'原初伦理学'意义上的思想"乃是"对那种责任的尝试性感知（épreuve），即对意

---

① 彼得·斯洛特戴克：《未得拯救——海德格尔之后的尝试》（Nicht gerettet. Versuche nach Heidegger），舒尔坎普出版社：美茵法兰克福，2001年，第8、9页。
② 南希：《赤裸的思想》，第104、115、132页。

义的绝对责任"。

较少受到关注但仍需要写到的一章乃是海德格尔对"媒介理论"的影响,尤其是渐渐产生影响的弗里德里希·基特勒(Friedrich Kittler)的"媒体理论"。基特勒对媒介的历史与理论的研究越发靠近他完全以肯定性的方式接受下来的海德格尔哲学。不像在基特勒研究界①,在海德格尔研究界海德格尔思想的这一影响迄今为止始终没有得到注意。

海德格尔思想的影响史中一个特别的方面是对诗人们的影响。海德格尔不仅在保罗·策兰和英格伯格·巴赫曼②(1949年她以海德格尔为题博士毕业)③的关系中扮演着特殊角色,而且对策兰本人具有重要意义。海德格尔在20世纪50年代业已把自己全部的出版物寄给身在巴黎的策兰,而策兰对它们进行了仔细阅读。在1967年海德格尔写信给格哈特·鲍曼说:"我了解他的一切,也知道他的严重危机,就一个人所能做到的程度而言,他自己把自己从那个危机中救了出来。"④策兰在同一年去托特瑙堡拜访了海德格尔。那首同名的著名诗歌就出自这次拜访。⑤这一相遇被神话化了。⑥在一份没有注明日

---

① 参看《基特勒在今天:基特勒研究的当前视角》(*Kittler Now. Current Perspectives in Kittler Studies*),斯蒂芬·塞尔(Stephen Sale)与劳拉·索尔兹伯里(Laura Salisbury)编,政治出版社(Polity):剑桥,2015年。
② 英格伯格·巴赫曼(Ingeborg Bachmann,1926—1973):奥地利女作家。战后德国重要的文学组织"四七社"成员之一,代表作有抒情诗《延宕的时间》(*Die gestundete Zeit*)(1953年)、《巨熊的召唤》(*Anrufung des Größen Bären*)(1956年)以及围绕现实世界生存威胁的散文作品。——译注
③ 英格伯格·巴赫曼:《对海德格尔的生存论哲学的批判性接受》(*Die kritische Aufnahme der Existentialphilosophie Martin Heideggers*),1949年维也纳博士论文,皮珀出版社:慕尼黑与苏黎世,1985年。
④ 格哈特·鲍曼(Gerhart Baumann):《回忆保罗·策兰》(*Erinnerungen an Paul Celan*),舒尔坎普出版社:美茵法兰克福,1992年,第59、60页。
⑤ 保罗·策兰:《光之压迫》(*Lichtzwang*),舒尔坎普出版社:美茵法兰克福,1970年,第29、30页。
⑥ 阿兰·巴迪欧:《哲学宣言》(*Manifest für die Philosophie*),图里亚与康特出版社:维也纳,第二版,2010年,第79、80页。

期的信件草稿中策兰写道：

> 海德格尔
> ……您（通过您的立场）想要严肃地同时对两者负责，从而决定性地弱化了诗性的东西以及（我大胆推测）思想性的东西[1]

1993年波托·施特劳斯[2]的文章《渐入高潮的羊人戏》（*Anschwellender Bocksgesang*）出版时，针对发表这篇文章的《明镜》副刊的愤慨迅速上升，就如同它又迅速消散一般。在这篇文章中施特劳斯展示出海德格尔与恩斯特·云格尔思想间的一种联系，他写道："他们蔑视海德格尔，谴责云格尔——现在他们必须忍受，在这两位作者，这两位诗人—哲学家的豪迈的脚步旁，他们直率的反抗热情像一朵干枯的蓟花一样被遗弃在了路边。"[3] 施特劳斯后来还再次研究了全集卷81中出版的海德格尔的箴言体诗歌。施特劳斯评论说，对它们的阅读令"能言善辩的才智"遭遇到"一场火刑拷问"。[4] "与此同时"

---

[1] 转引自阿克塞尔·格尔豪斯（Axel Gellhaus）：《"……自从我们是一场对话……"：保罗·策兰在托特瑙堡拜访马丁·海德格尔》（"'...seit ein Gespräch wir sind...'. Paul Celan bei Martin Heidegger in Todtnauberg"）（《踪迹系列》[*Spuren*] 第60辑），德国席勒协会（Deutsche Schillergesellschaft），内卡的马尔巴赫，2002年，第15页。亦可参看彼得·特拉夫尼：《再论策兰与海德格尔》（*Celan und Heidegger. Noch einmal*），收于《再论海德格尔、犹太人》，第233—250页。

[2] 波托·施特劳斯（Botho Strauβ，1944— ）：德国自20世纪70年代以来最重要的作家之一。代表作有《疑病症患者》（*Die Hypochonder*，1972年）、《重逢三部曲》（*Trilogie des Wiedersehens*，1976年）、《拜访者》（*Besucher*，1988年）、《伊塔卡》（*Ithaka*，1996年）。——译注

[3] 波托·施特劳斯：《对第二世界的反抗——对一种在场性美学的评注》（*Der Aufstand gegen die sekundäre Welt. Bemerkungen zu einer Ästhetik der Anwesenheit*），卡尔·汉泽出版社：慕尼黑与维也纳，1999年，第66页。

[4] 波托·施特劳斯：《海德格尔的诗歌：对我们沟通中的智性的火刑拷问：论全集卷81》（"Heideggers Gedichte. Eine Feuerprobe unserer kommunikativen Intelligenz: Zum einundachtzigsten Band der Gesamtausgabe"），收于《海德格尔与文学》（*Heidegger und die Literatur*），君特·费加尔与乌尔里希·劳尔夫（Ulrich Raulff）编，维托里奥·克罗斯特曼出版社：美茵法兰克福，2012年，第15页。

它还是"那样一把火，它焚烧了一堆当代史中的垃圾"。它是一场"净化"。

在1986年的一次访谈中彼得·汉德克承认，对他而言至关重要的是，"在某个地方能够再一次嵌入（einfügen）或添加（anfügen）'世界'一词"……能够为这个词找到一个地方，"在那里这个词能够重离阴影进入光明"。他在海德格尔那里同样感受到这种意图，海德格尔"以非同寻常的方式尝试了"①这件事。但他同时也与海德格尔文句中对这个词太过"密集地使用（Fügung）"保持距离。不过，当汉德克写下与这位哲学家部分一致的措辞时，我们听到的不仅仅是一种海德格尔思想在内容上发出的回响：

> 曾经，人们像过桥一样跨过河流；曾经，一片水域化为一个湖泊；曾经，一列列山丘，一排排房屋，一片片果园总是陪伴着旅人，而某种生机勃勃的东西环绕着居家之人，此间所有这些事物中共同的东西已经成为了某种热烈的隐而不显（Unscheinbarkeit），一种平凡无奇（Allerwelthaftigkeit）：这正是那现实，它没让任何别的什么而仅仅让那种归家感成为可能："就是它，现在我终于到这了！"②

2014年第一批19本《黑皮本》的出版成了海德格尔哲学的影响和接受史中一个重大的事件。决定性的东西不是证明了海德格尔对国家

---

① 彼得·汉德克:《而我仅依存于居间之处——与赫尔伯特·贾佩尔的一次对话》（Aber ich lebe nur von den Zwischenräumen. Ein Gespräch geführt von Herbert Gamper），阿曼出版社（Amman Verlag）苏黎世，1987年，第206页。
② 彼得·汉德克:《梦想家告别第九大陆——一种已然逝去的现实：回忆斯洛文尼亚》（Abschied des Träumers vom Neunten Land. Eine Wirklichkeit, die vergangen ist: Erinnerungen an Slowenien），舒尔坎普出版社：美茵法兰克福，1991年，第13、14页。

社会主义的接近与远离的少量表达，而是在"存在历史的"叙事语境中对反犹的话语的使用。1989年维克托·法里亚斯在《海德格尔与纳粹主义》①的研究中已经开启了对这一引发诸多问题的主题的第一次国际性讨论，但由于其阐释中那些罕见的错误，他在海德格尔接受史中并没有产生什么影响。2005年在巴黎出版的伊曼纽尔·法雅的著作《海德格尔：将国家社会主义引入哲学》令有关海德格尔政治歧途的讨论发生了一次飞跃。法雅在这部著作中提出了一种立场，这一立场似乎为《黑皮本》的出版所确证。在法雅看来，海德格尔"没有令哲学变得丰富"，"而是通过让哲学为那样一场运动服务而推动了对哲学的摧毁"，"这场运动在凶残的罪行中（这场运动由此维持着自己的生命），在它所实施的彻底毁灭性的行动中"表现出"对一切人性和思想的极端否定"。②然而就像法里亚斯一样，法雅因为那些不必要的推测而削弱了自己的解释，比如"这一假设并非荒谬"，根据这一假设"在国家社会主义的秘密网络中，这些秘密网络在今天仍没有得到很好研究"，"在某些希特勒的演讲的草稿准备过程中海德格尔可能起了一定作用"；这一说法得不到什么证据的支持。

2010年霍尔格·扎博罗夫斯基出版了自己研究详尽的著作《"错误和罪责的问题？"——马丁·海德格尔与国家社会主义》③。这位作

---

① 法里亚斯：《海德格尔与纳粹主义》。一些错乱削弱了作者的立场，比如，法里亚斯将海德格尔引用的17世纪传教士亚伯拉罕·阿·圣·克拉拉（Abraham a Sancta Clara）的话"我们的和平同战争的距离就像萨克森豪森（Sachsenhausen）同法兰克福的距离"联系于柏林附近的集中营，而实际上这里指的是法兰克福的一个市区。
② 伊曼纽尔·法雅：《海德格尔：将国家社会主义引入哲学》（*Heidegger. Die Einführung des Nationalsozialismus in die Philosophie*），马蒂斯与塞茨出版社：柏林，2009年，第13、203页。
③ 霍尔格·扎博罗夫斯基（Holger Zaborowski）：《"错误和罪责的问题？"——马丁·海德格尔与国家社会主义》（*"Eine Frage von Irre und Schuld?" Martin Heidegger und der Nationalsozialismus*），S. 费舍尔出版社：美茵法兰克福，2010年，第77、78页。

者用一种再复杂化的行动来回应法雅貌似去复杂化的行为。在考察这一主题时作者很快表明,"与国家社会主义的关系问题真正而言是多么复杂"。"最终"也"并不存在简单的海德格尔与国家社会主义的关系的'这个'问题"。因此谁如果"同时从历史角度和哲学角度以正直的方式研究这一主题",谁就会"很快发现,对此无法做出简单的回答","就像有许多问题如今能够得到回答","总是有同样多的问题"始终保持为开放。此间多纳泰拉·迪·切萨雷的思考超越了这一立场。在其著作《海德格尔,犹太人,大屠杀》[①]中他谈到了海德格尔那里有一种"形而上学的反犹主义",而诸如康德、费希特、黑格尔或者尼采等一系列哲学家都具有这种"形而上学的反犹主义"。随着他的反犹主义海德格尔再次落回入他原本想要去加以克服的形而上学中。对海德格尔《黑皮本》的讨论仍在进行。《黑皮本》的出版在国内和国际所引发的反响,证明了海德格尔的思想在对哲学的普遍而又公共性的兴趣中始终占据着一个关键位置。

---

① 多纳泰拉·迪·切萨雷:《海德格尔,犹太人,大屠杀》,第256—262页。我本人在著作《海德格尔与犹太世界阴谋的神话》(维托里奥·克罗斯特曼出版社:美茵法兰克福,2015年,第三版)中提到一种"存在历史的反犹主义"。我绝非借此对海德格尔的反犹主义进行一种"纯化"(哈贝马斯:《在〈精神〉(*Revue Esprit*)杂志的访谈》,2015年第8期)。对反犹主义进行"纯化"是不可能的。毋宁说这里涉及的是对"存在之历史"的一种祛纯化(Entsublimierung)。

历史语境中的生平资料

> 生命——我的生命，你的生命，你们的生命，
> 我们的生命，我们想要在生命的最为普遍的类型学中
> 对其加以认识，方式是，我们在生命中逗留，
> 在它自身之中以它的方式环视我们自身……
>
> （全集卷58，第30页）

1889年9月26日	马丁·海德格尔生于巴登州的小城梅斯基尔希。对于这座处于施瓦本山东南部、博登湖上方的城市，海德格尔将与其保持一生的紧密联系。同一年维特根斯坦（4月26日）与希特勒（4月20日）出生。
1909年至1911年	在弗莱堡大学学习神学和哲学。古斯塔夫·马勒在维也纳去世。阿诺德·勋伯格在柏林创作《钢琴小品六首》（作品第19号）。里尔克在1910年出版了《布里格手记》。
1911年至1913年	在弗莱堡大学学习哲学、人文科学和自然科学。欧内斯特·卢瑟福（Ernest Rutherford）在1912年建立了原子模型。
1913年	在阿图尔·施奈德（Arthur Schneider）指导下获弗莱堡大学博士学位。"军械库艺术展"（Armory

Show）在纽约举行。包括杜尚、毕加索、卡西米尔·马列维奇（Kasimir Malewitsch）在内的艺术家第一次在美国展出其作品。亨利·福特（Henry Ford）在底特律引进流水线。斯特拉文斯基《春之祭》在巴黎首演，成为音乐史上最大的音乐表演的丑闻之一。

1914年　　"一战"爆发。格奥尔格·特拉克尔（Georg Trakl）11月3日在克拉科夫（Krakau）的一个军事医院去世。海德格尔的博士论文《心理主义的判断学说：一个对逻辑学的批评性积极贡献》发表。服兵役：1915年底至1918年初在弗莱堡军事邮局的审查处，1918年8月底至11月初在前线414气象站（第3部队）。

1915年　　在海因里希·李凯尔特指导下完成教职论文《邓·司各特的范畴和意义学说》（1916年出版）。阿尔伯特·爱因斯坦发表广义相对论。

1916年　　海德格尔出版论文《历史科学中的时间概念》。特里顿（Tritton）和威尔孙（Wilson）在英国发明第一辆坦克。

1917年　　与埃尔福丽德·佩特里（Elfride Petri）结婚。圣彼得堡发生十月革命。

1918年　　海德格尔在11月晋升二等兵。菲利普·谢德曼（Philipp Scheidemann）在11月9日在帝国议会的一扇窗口向外宣布德意志帝国的终结。

1919年　　在弗莱堡大学任埃德蒙德·胡塞尔私人助手。大儿

	子约尔格（Jörg）在1919年1月21日出生。
1920年	小儿子（非亲生）赫尔曼（Hermann）在8月20日出生。赫尔曼后来成为海德格尔手稿的首任保管人。恩斯特·云格尔在莱比锡自费出版《钢铁风暴：突击队长官的日记》。保罗·策兰11月23日在切尔诺维茨（Czernowitz）出生。
1922年	在黑森林南部托特瑙堡建成由埃尔福丽德·海德格尔设计的小屋。维特根斯坦《逻辑哲学论》的正式版本在伦敦出版。贝尼托·墨索里尼10月31日在罗马接管对意大利的统治权。
1923年	任马堡编外教席的个人教席教授。[①]里尔克出版《杜伊诺哀歌》。啤酒馆暴动11月8日、9日在慕尼黑失败。
1924年	汉娜·阿伦特在马堡师从海德格尔。列宁在莫斯科的高尔基（Gorki）去世。
1926年	希特勒《我的奋斗》第二卷在慕尼黑出版。第一卷出版于一年前。里尔克12月29日在蒙特勒（Montreux）附近的日内瓦湖（Genfer See）去世。诺玛·简·贝克（Norma Jean Baker）即玛丽莲·梦露在洛杉矶出生。
1927年	《存在与时间》发表于《哲学和现象学研究年鉴》（哈勒）。获得马堡大学正式哲学教席。弗里茨·朗（Fritz Lang）的电影《大都会》上映。

---

① 按照德国大学的教席制度，Ordentlicher Professor ad personam是指这个教席专为海德格尔而设，在海德格尔到来之前和在海德格尔离去之后，不再设有这个教席。——译注

1928年	作为胡塞尔的接替者获得弗莱堡大学哲学系第一教席。搬入由埃尔福丽德·海德格尔建造的、位于弗莱堡市策林根区（Freiburg-Zähringen）的卢特布克（Rötebuck）的住宅。
1929年	进行教授就职演讲《形而上学是什么?》，该演讲在同年出版。同时出版《康德与形而上学疑难》和论文《论根据的本质》，后者收于埃德蒙德·胡塞尔70寿辰纪年文集。弗拉基米尔·兹沃里金（Vladimir Zworykin）在美国发明电视显像管。海德格尔在达沃斯（Davos）与恩斯特·卡西尔讨论康德。
1930年	海德格尔第一次拒绝柏林的聘任。纳粹党成为社会民主党（SPD）之外的第二大党。纳粹党第一次在各州参与政府组建。雅克·德里达在阿尔及利亚的比阿尔（El Biar）出生。马克斯·施梅林（Max Schmeling）6月12日在纽约获得第一个世界拳击冠军。
1931年	恩斯特·鲁斯卡（Ernst Ruska）和马克斯·克诺尔（Max Knoll）在柏林工业大学建造了第一台透射电子显微镜。海德格尔开始写作《黑皮本》第一册《思索》。
1933年	希勒特被任命为国家总理。海德格尔几乎全票通过被推选为弗莱堡大学校长。加入纳粹党。5月27日海德格尔做了校长演说，题为《德国大学的自身主张》。1933年夏开设讲授课"哲学的基本问题"。第二次拒绝柏林的聘任，同时拒绝慕尼黑的

	聘任。斯特凡·格奥尔格12月4日在意大利马焦雷湖（Lago Maggiore）边的洛卡尔诺（Locarno）的米努西奥（Minusio）去世。汉娜·阿伦特迁居巴黎。
1934年	辞去校长职务。1934/35年冬开设讲授课"荷尔德林的颂歌《日耳曼尼亚》与《莱茵河》"。罗姆政变，即处决冲锋队领导层。
1935年	在夏季开设讲授课《形而上学导论》。《纽伦堡种族法》获得通过。伍迪·艾伦12月1日出生于纽约布鲁克林。
1936年	发表《荷尔德林和诗的本质》。1936/37年冬开设关于尼采的第一次讲授课"作为艺术的权力意志"。海德格尔写作《哲学论稿（来自本有）》。该手稿于1989年首次出版。福克-沃尔夫Fw 61作为第一架投入应用的直升机在不莱梅亮相。夏季奥林匹克运动会在柏林举办。艾伦·图灵演示图灵机。查理·卓别林的电影《摩登时代》2月5日在美国首映。
1937年	秃鹫军团轰炸格尔尼卡，毕加索开始创作同名绘画。在抗日战争期间，南京发生日军对中国平民的大屠杀。迪士尼的《白雪公主与七个小矮人》上映。
1938年	胡塞尔4月27日在弗莱堡去世。11月发生水晶之夜。弗莱堡大学附近的犹太会堂被烧毁。复印机在纽约发明。
1939年	第二次世界大战开始。
1940年	在弗莱堡大学的小型同事圈内做了有关恩斯特·云

格尔《劳动者：统治与型式》的演讲。云格尔在西墙作为中队长服役。10月，弗莱堡的犹太人被驱逐到法国的集中营居尔（Gurs）。约翰·列侬10月9日生于利物浦。

1941年　《荷尔德林的颂歌"如当节日的时候……"》出版。奥斯维辛集中营建成。世界上第一架喷气式战斗机梅塞施密特262（Messerschmitt 262）在奥格斯堡亮相。康拉德·楚泽（Konrad Zuse）在柏林发明第一台有效运转的计算机Z3。汉娜·阿伦特抵达纽约。

1942年　15位纳粹党高级官员1月20日在万湖会面，讨论"犹太人问题的最终解决方案"。海德格尔做演讲《荷尔德林的颂歌〈追忆〉》。《柏拉图的真理学说》出版。扎拉·莱安德（Zarah Leander）主演的电影《伟大的爱》上映，成为迄今为止最成功的德国电影。彼得·汉德克12月6日出生于奥地利克恩顿州（Kärnten）的格里芬（Griffen）市。

1943年　德国第六集团军在斯大林格勒被歼灭。演讲与论文《论真理的本质》发表。海德格尔作品（《论根据的本质》）译者、电影导演泰伦斯·马利克（Terrence Malick）（《细细的红线》）11月30日在美国得克萨斯州的韦科（Waco）出生。

1944年　西方盟军在诺曼底登陆。海德格尔11月被征召入人民冲锋队（Volkssturm），12月又被解职。弗莱堡旧城区最大的区域被空袭摧毁。《荷尔德林诗的阐释》出版。格奥尔格圈成员克劳斯·冯·施陶芬贝格（Claus von Stauffenberg）7月20日刺杀希特勒行动失败，并于7月21日在柏林被处决。《荷尔德林诗的阐释》出版。策兰写作《死亡赋格》。

1945年　苏联红军在1月27日解放了奥斯维辛。希特勒身亡。德国无条件投降。政治清除委员会建议让海德格尔名誉退休，保留其"受限制的教学活动的可能性"。海德格尔一家的住所被查封。儿子赫尔曼和约尔格身陷俄罗斯战俘营。美国空军在广岛和长崎投放原子弹。弗朗茨·贝肯鲍尔9月11日出生。

1946年　海德格尔在巴登维勒（Badenweiler）接受短暂的心理治疗。弗莱堡大学评议会提议让海德格尔名誉退休并且不提供教师许可证。占领国法国同样禁止海德格尔教学。海德格尔与让·波弗勒初次见面。包括阿尔弗雷德·罗森贝格（Alfred Rosenberg）和尤利乌斯·施特莱彻（Julius Streicher）在内的12名德国主要战犯10月16日在纽伦堡被处决。

1947年　海德格尔将所谓的《关于人道主义的书信》与多年前业已写就的论文《柏拉图的真理学说》一同发表。次子赫尔曼从俄罗斯战俘营返回。托马斯·曼出版《浮士德博士》。阿诺德·勋伯格创作作品第46号《华沙幸存者》（*A Survivor from Warsaw*）。

1948年　诺伯特·维纳（Norbert Wiener）发表《控制论：关于在动物和机器中控制和通信的科学》。

1949年　法国的教学禁令取消。海德格尔举行"不莱梅演讲"。儿子约尔格同样从俄罗斯战俘营返回。10月

	1日毛泽东宣布中华人民共和国成立。
1950年	退休。与汉娜·阿伦特重逢。《林中路》出版。黑泽明导演的日本电影《罗生门》上映。
1951年	名誉退休身份。[①]1951/52年冬季及其后的夏季开设其最后一次大型讲授课"什么叫思想?"。讲稿于1954年出版。勋伯格7月13日在洛杉矶去世。
1952年	保罗·策兰出版《罂粟与记忆》。
1953年	斯大林3月5日在莫斯科附近去世。
1954年	《演讲与论文集》出版。德国在伯尔尼第一次获得足球世界冠军。核电站在奥布宁斯克(苏联)首次投入使用。
1955年	海德格尔在诺曼底的瑟里西拉萨勒(Derisy-la-Salle)做演讲《什么是哲学?》,次年发表。这次演讲由波弗勒筹办。格伦·古尔德首次演奏巴赫的《哥德堡变奏曲》。
1957年	苏联拜科努尔航天中心(Baikonur)发射的人造卫星抵达环地轨道。宇宙航行开始。
1958年	阿伦特在德国出版《极权统治的要素与起源》。海德格尔录制《同一律》的唱片。
1959年	《在通向语言的途中》及《泰然任之》出版。海德格尔在慕尼黑做了其最后一次有关荷尔德林的大型

[①] 按照德国的教育制度,Pensionierung(退休)是指停止职务的退休,比如退休教授可以立即停止对博士生的指导,而Emeritierung(名誉退休)的教授享有较高的退休金并具有相应的学术权利,比如名誉退休的教授还可以出差。因此海德格尔在1951年的"名誉退休"的身份比起前一年的"退休"其待遇得到了提高。——译注

演讲《荷尔德林的大地与天空》。古巴革命成功。迈尔斯·戴维斯（Miles Davis）的《泛泛蓝调》（*Kind of Blue*）发行。

1961年　《尼采》上下卷出版。柏林墙建成。一年前在阿根廷被以色列特工逮捕的阿道夫·艾希曼在耶路撒冷被判死刑。阿伦特受《纽约客》委托追踪了诉讼过程并于1964年在德国出版《艾希曼在耶路撒冷：一份关于平庸之恶的报告》。奥奈特·科尔曼（Ornette Coleman）演出《自由爵士乐：即兴曲合辑》（*Free Jazz: A Collective Improvisation*）。

1962年　海德格尔在弗莱堡做了演讲《时间与存在》，1969年收于《面向思的事情》。海德格尔夫妇做了第一次希腊之旅。《存在与时间》第一个英译本在纽约出版，由约翰·麦奎利（John Macquarrie）和爱德华·罗宾逊（Edward Robinson）翻译。玛丽莲·梦露8月5日在洛杉矶的布伦特伍德（Brentwood）自杀。10月发生所谓的"古巴导弹危机"。苏联在古巴部署中程导弹。海德格尔购买了一台根德牌（Grundig）电子管收音机（88型），以便在托特瑙堡了解世界大事。安迪·沃霍尔创作《金宝汤罐头》（*Campbell's Soup Cans*）。

1965年　所谓"奥斯维辛审判"中的第一次判决。

1966年　海德格尔在勒·托尔（Le Thor）举行第一次讨论班，该讨论班对其思想在法国的接受具有不可估量的重要性。海德格尔结识勒内·夏尔。讨论班的参

	加者中包括吉奥乔·阿甘本。
1967年	海德格尔在雅典做了《艺术的起源与思想的规定》演讲。海德格尔在托特瑙堡与保罗·策兰会面。甲壳虫乐队发行《佩珀军士的孤独之心俱乐部乐队》(*Sgt. Pepper's Lonely Hearts Club Band*)。大学生本诺·奥内佐格(Benno Ohnesorg)6月2日在西柏林被枪杀。科特·柯本(Kurt Cobain)2月20日出生。
1969年	尼尔·阿姆斯特朗(Neil Armstrong)7月21日成为登月第一人。海德格尔出版《艺术与空间》。
1970年	推测在4月20日保罗·策兰自杀。安德烈亚斯·巴德尔(Andreas Baader)与乌尔丽克·迈因霍夫(Ulrike Meinhof)等人建立恐怖组织"红军派"(Rote Armee Fraktion)。吉米·亨德里克斯(Jimi Hendrix)9月18日在伦敦去世。6月17日在墨西哥(墨西哥城)弗朗茨·贝肯鲍尔及其国家队在世界杯半决赛与意大利的所谓"世纪之战"中被淘汰(加时赛3比4不敌意大利)。
1975年	《海德格尔全集》开始出版。平克·弗洛伊德发行《愿你在此》(*Wish you were here*)。
1976年	5月26日海德格尔在弗莱堡策林根区自己的家中去世。5月8日至9日乌尔丽克·迈因霍夫在斯图加特的斯达姆海姆(Stammheim)区自己的房间上吊自杀。4月1日史蒂夫·乔布斯与史蒂夫·沃兹尼亚克(Steve Wozniak)创立苹果公司。

进一步的研究文献

Sophie-Jan Arrien: L'inquiétude de la pensée. L'herméneutique de la vie du jeune Heidegger (1919–1923). Puf: Paris 2014

Alain Badiou: Heidegger. L'être 3–Figure du retrait. 1986–1987. Fayard: Paris 2015

Donatella Di Cesare: Heidegger, die Juden, die Shoah. Vittorio Klostermann Verlag: Frankfurt am Main 2016

Alfred Denker: Unterwegs in Sein und Zeit. Einführung in Leben und Denken von Martin Heidegger. Klett-Cotta: Stuttgart 2011

Jacques Derrida: Die Schrift und die Differenz. Suhrkamp Verlag: Frankfurt am Main 1976

Emmanuel Faye: Heidegger. Die Einführung des Nationalsozialismus in die Philosophie. Matthes & Seitz: Berlin 2009

Martin Heidegger: Eine gefährliche Irrnis. Jahresgabe der Martin Heidegger-Gesellschaft 2008

Heidegger-Handbuch. Leben–Werk–Wirkung. Hrsg. von Dieter Thomä. J.B. Metzler: Stuttgart ^{2}2013

Heidegger-Jahrbuch. Hrsg. von Alfred Denker und Holger Zaborowski. Karl Alber Verlag: Freiburg u. München 2004ff.

Heidegger, die Juden, noch einmal. Hrsg. von Peter Trawny und Andrew J. Mitchell. Vittorio Klostermann Verlag: Frankfurt am Main 2015

»Mein liebes Seelchen!« Briefe Martin Heideggers an seine Frau Elfride 1915–1970. Hrsg. von Gertrud Heidegger. DVA: München 2005

Friedrich-Wilhelm von Herrmann: Wege ins Ereignis. Zu Heideggers »Beiträgen zur Philosophie«. Vittorio Klostermann Verlag: Frankfurt am Main 1994

Friedrich Hölderlin: Sämtliche Werke und Briefe. 3. Bde. Hrsg. von Michael Knaupp. Carl Hanser Verlag: München u. Wien 1992

Dominique Janicaud: Heidegger en France. 2 Bde. Albin Michel: Paris 2001

Kittler Now. Current Perspectives in Kittler Studies. Ed. by Stephen Sale and Laura Salisbury. Polity:

Cambridge 2015

Emmanuel Lévinas: Gott, der Tod und die Zeit. Edition Passagen: Wien 1996

Reinhard Mehring: Heideggers Überlieferungsgeschick. Eine dionysische Inszenierung. Königshausen & Neumann: Würzburg 1992

Andrew Mitchell: The Fourfold: Reading the Late Heidegger. Northwestern University Press: Evanston, IL 2015

Jean-Luc Nancy: Heideggers ›ursprüngliche Ethik‹. In: Ders.: Das nackte Denken. Diaphanes: Zürich u. Berlin 2014, 103–149

Rüdiger Safranski: Ein Meister aus Deutschland. Heidegger und seine Zeit. Carl Hanser Verlag: München u. Wien 1994

Christian Sommer: Heidegger 1933. Le programme platonicien du Discours de rectorat. Hermann: Paris 2013

Dieter Thomä: Die Zeit des Selbst und die Zeit danach. Zur Kritik der Textgeschichte Martin Heideggers 1910–1976. Suhrkamp Verlag: Frankfurt am Main 1990

Peter Trawny: Adyton. Heideggers esoterische Philosophie. Matthes & Seitz: Berlin 2011

Peter Trawny: Heidegger und der Mythos der jüdischen Weltverschwörung. Vittorio Klostermann Verlag: Frankfurt am Main [3]2015

Helmuth Vetter: Grundriss Heidegger. Ein Handbuch zu Leben und Werk. Felix Meiner Verlag: 2014

Holger Zaborowski: »Eine Frage von Irre und Schuld?« Martin Heidegger und der Nationalsozialismus. S. Fischer Verlag: Frankfurt am Main 2010

Marlène Zarader: La dette impensée. Heidegger et l'héritage hébraïque. Éditions du Seuil: Paris 1999

引征版本说明

《海德格尔全集》据维托里奥·克罗斯特曼出版社出版的全集引征。

全集卷1 《早期著作》
GA1　Frühe Schriften. Hrsg. von Friedrich-Wilhelm von Herrmann. Frankfurt am Main 1978

全集卷2 《存在与时间》
GA2　Sein und Zeit. Hrsg. von Friedrich-Wilhelm von Herrmann. Frankfurt am Main 1977

全集卷4 《荷尔德林诗的阐释》
GA4　Erläuterungen zu Hölderlins Dichtung. Hrsg. von Friedrich-Wilhelm von Herrmann. Frankfurt am Main 1981

全集卷5 《林中路》
GA5　Holzwege. Hrsg. von Friedrich-Wilhelm von Herrmann. Frankfurt am Main 1977

全集卷7 《演讲与论文集》
GA7　Vorträge und Aufsätze. Hrsg. von Friedrich-Wilhelm von Herrmann. Frankfurt am Main 2000

全集卷8 《什么叫思想》
GA8　Was heißt Denken? Hrsg. von Paola-Ludovika Coriando. Frankfurt am Main 2002

全集卷9 《路标》
GA9　Wegmarken. Hrsg. von Friedrich-Wilhelm von Herrmann. Frankfurt am Main 1976

全集卷11 《同一与差异》
GA11　Identität und Differenz. Hrsg. von Friedrich-Wilhelm von Herrmann. Frankfurt am Main 2006

全集卷12 《在通向语言的途中》
GA12　Unterwegs zur Sprache. Hrsg. von Friedrich-Wilhelm von Herrmann. Frankfurt am Main 1985

全集卷13 《从思想的经验而来》
GA13　Aus der Erfahrung des Denkens 1910—1976. Hrsg. von Herrmann Heidegger. Frankfurt am Main 1983

全集卷16 《讲话与生平证词》

GA16　Reden und andere Zeugnisse eines Lebensweges. Hrsg. von Hermann Heidegger. Frankfurt am Main 2000

全集卷19 《柏拉图的〈智者〉》

GA19　Platon: Sophistes. Hrsg. von Ingeborg Schüßler. Frankfurt am Main 1992

全集卷24 《现象学之基本问题》

GA24　Die Grundprobleme der Phänomenologie. Hrsg. von Friedrich-Wilhelm von Herrmann. Frankfurt am Main 1975

全集卷27 《哲学导论》

GA27　Einleitung in die Philosophie. Hrsg. von Otto Saame und Ina Saame-Speidel. Frankfurt am Main 1996

全集卷29/30《形而上学的基本概念：世界—有限性—孤独性》

GA29/30　Die Grundbegriffe der Metaphysik. Welt-Endlichkeit-Einsamkeit. Hrsg. von Friedrich-Wilhelm von Herrmann. Frankfurt am Main 1983

全集卷35 《西方哲学的开端：对阿那克西曼德与巴门尼德的解释》

GA35　Der Anfang der abendländischen Philosophie. Auslegung des Anaximander und Parmenides. Hrsg. von Peter Trawny. Frankfurt am Main 2012

全集卷36/37 《存在与真理：1. 哲学基本问题　2. 论真理的本质》

GA36/37　Sein und Wahrheit. 1. Die Grundfrage der Philosophie. 2. Vom Wesen der Wahrheit. Hrsg. von Hartmut Tietjen. Frankfurt am Main 2001

全集卷38 《逻辑学作为对语言本质的追问》

GA38　Logik als die Frage nach dem Wesen der Sprache. Hrsg. von Günter Seubold. Frankfurt am Main 1998

全集卷39 《荷尔德林颂歌〈日耳曼尼亚〉与〈莱茵河〉》

GA39　Hölderlins Hymnen »Germanien« und »Der Rhein«. Hrsg. von Susanne Ziegler. Frankfurt am Main 1980

全集卷40 《形而上学导论》

GA40　Einführung in die Metaphysik. Hrsg. von Petra Jaeger. Frankfurt am Main 1983

全集卷53 《荷尔德林颂歌〈伊斯特河〉》

GA53　Hölderlins Hymne »Der Ister«. Hrsg. von Walter Biemel. Frankfurt am Main 1984

全集卷54　《巴门尼德》

GA54　Parmenides. Hrsg. von Manfred S. Frings. Frankfurt am Main ²1992

全集卷55　《赫拉克利特：1. 西方思想的开端　2. 逻辑学：赫拉克利特的逻各斯学说》

GA55　Heraklit. 1. Der Anfang des abendländischen Denkens. 2. Logik. Heraklits Lehre vom Logos. Hrsg. von Manfred S. Frings. Frankfurt am Main ³1994

全集卷56/57　《论哲学的规定：1. 哲学观念与世界观问题 2. 现象学与先验的价值哲学》

GA56/57　Zur Bestimmung der Philosophie. 1. Die Idee der Philosophie und das Weltanschauungsproblem. 2. Phänomenologie und transzendentale Wertphilosophie. Hrsg. von Bernd Heimbüchel. Frankfurt am Main ²1999

全集卷58　《现象学的基本问题（1919/20年）》

GA58　Grundprobleme der Phänomenologie (1919/20). Hrsg. von Hans-Helmuth Gander. Frankfurt am Main 1993

全集卷59　《直观与表达的现象学：哲学的概念形成的理论》

GA59　Phänomenologie der Anschauung und des Ausdrucks. Theorie der philosophischen Begriffsbildung. Hrsg. von Claudius Strube. Frankfurt am Main 1993

全集卷60　《宗教生活现象学：1. 宗教现象学导论　2. 奥古斯丁与新柏拉图主义　3. 中世纪神秘主义的哲学基础》

GA60　Phänomenologie des religiösen Lebens. 1. Einleitung in die Phänomenologie der Religion. 2. Augustinus und der Neuplatonismus. 3. Die philosophischen Grundlagen der mittelalterlichen Mystik. Hrsg. von Matthias Jung, Thomas Regehly und Claudius Strube. Frankfurt am Main 1995

全集卷61　《对亚里士多德的现象学阐释：现象学研究导论》

GA61　Phänomenologische Interpretationen zu Aristoteles. Einführung in die phänomenologische Forschung. Hrsg. von Walter Bröcker und Käte Bröcker-Oltmanns. Frankfurt am Main ²1994

全集卷63　《存在论（实际性的解释学）》

GA63　Ontologie (Hermeneutik der Faktizität). Hrsg. von Käte Bröcker-Oltmanns. Frankfurt am Main 1988

全集卷65　《哲学论稿（来自本有）》

GA65　Beiträge zur Philosophie (Vom Ereignis). Hrsg. von Friedrich-Wilhelm von Herrmann. Frankfurt am Main 1989

全集卷66　《沉思》

GA66　Besinnung. Hrsg. von Friedrich-Wilhelm von Herrmann. Frankfurt am Main 1997

全集卷69　《存有之历史：1. 存有之历史（1938/40年）2. KOINON. 来自存有之历史（1939/40年）》

GA69　Die Geschichte des Seyns. 1. Die Geschichte des Seyns (1938/40). 2. KOINON. Aus der Geschichte des Seyns (1939/40). Hrsg. von Peter Trawny. Frankfurt am Main 2013

全集卷70　《论开端》

GA70　Über den Anfang. Hrsg. von Paola-Ludovika Coriando. Frankfurt am Main 2005

全集卷73.1、73.2　《有关本有之思》

GA73　1 und 2 Zum Ereignis-Denken. Hrsg. von Peter Trawny. Frankfurt am Main 2013

全集卷75　《论荷尔德林以及希腊之旅》

GA75　Zu Hölderlin-Griechenlandreisen. Hrsg. von Curd Ochwadt. Frankfurt am Main 2000

全集卷76　《论形而上学、近代科学以及现代技术之兴起的主要思想》

GA76　Leitgedanken zur Entstehung der Metaphysik, der neuzeitlichen Wissenschaft und der modernen Technik. Hrsg. von Claudius Strube. Frankfurt am Main 2009

全集卷79　《不莱梅和弗莱堡演讲：1.观入存在之物，1949年不莱梅演讲　2.思想的基本原则，1957年弗莱堡演讲》

GA79　Bremer und Freiburger Vorträge. 1. Einblick in das was ist. Bremer Vorträge 1949. 2. Grundsätze des Denkens. Freiburger Vorträge 1957. Hrsg. von Petra Jaeger. Frankfurt am Main 1994

全集卷86　《黑格尔—谢林讨论班》

GA86　Seminare Hegel-Schelling. Hrsg. von Peter Trawny. Frankfurt am Main 2011

全集卷90　《论恩斯特·云格尔》

GA90　Zur Ernst Jünger. Hrsg. von Peter Trawny. Frankfurt am Main 2004

全集卷94　《思索二至六（1931年至1938年黑皮本）》

GA94　Überlegungen II-VI (Schwarze Hefte 1931-1938). Hrsg. von Peter Trawny. Frankfurt am Main 2014

全集卷95　《思索七至十一（1938/39年黑皮本）》

GA95　Überlegungen VII-XI (Schwarze Hefte 1938/39). Hrsg. von Peter Trawny. Frankfurt am Main 2014

全集卷96　《思索十二至十五（1939年至1941年黑皮本）》

GA96　Überlegungen XII-XV (Schwarze Hefte 1939-1941). Hrsg. von Peter Trawny. Frankfurt am

Main 2014

全集卷97 《评注一至五（1942年至1948年黑皮本）》

GA97　Anmerkungen I-V (Schwarze Hefte 1942-1948). Hrsg. von Peter Trawny. Frankfurt am Main 2015

《对亚里士多德的现象学阐释：为马堡与哥廷根哲学系而作（1922年）》（所谓的《那托普报告》）

NB　Phänomenologische Interpretationen zu Aristoteles. Ausarbeitung für die Marburger und die Göttinger Philosophische Fakultät (1922). Hrsg. von Günther Neumann. Vittorio Klostermann Verlag: 2013 (der sogenannte *Natorp-Bericht*)

《艺术作品的本源》

UK　Der Ursprung des Kunstwerkes. Hrsg. von Friedrich-Wilhelm von Herrmann. Vittorio Klostermann Verlag: Frankfurt am Main 2012

重要概念索引

（页码为第一次在文中出现时的页码，即本书边码）

Alétheia　无蔽状态　105
Dasein　此在　45、46
Ding　物　151
Ereignis　本有　110
Erschütterung der Logik　对逻辑学的动摇　119
Eschatologie des Seins　存在的末世论　137
Faktizität des Lebens　生活的实际性　19
Fundamentalontologie　基础存在论　44
Geschichtlichkeit　历史性　24
Ge-Stell　合－置　150
Geviert　四合　152
Hermeneutik　解释学　22
Machenschaft　谋制　145
Man　人们　51
Metapolitik　元政治学　80

Mytho-Logie des Ereignisses　本有的神话－逻各斯　77
Ontologische Differenz　存在论差异　59
Phänomenologie　现象学　18
Preisgabe der ontologischen Differenz　对存在论差异的抛弃　68
Revolution　革命　79
Sein zum Tode　向死存在　48
Seinsvergessenheit　存在之被遗忘状态　66
Streit zwischen Erde und Welt　大地与世界间的争执　117
Transzendenz　超越　62
Überwindung der Metaphysik　形而上学之克服　122, 123
Wegcharakter　道路特征　7

人名对照表

Adorno, Theodor　特奥多·阿多诺
Allemann, Beda　贝达·阿勒曼
Anders, Güther　君特·安德斯
Arendt, Hannah　汉娜·阿伦特
Aristoteles　亚里士多德

Bachmann, Ingeborg　英格伯格·巴赫曼
Beaufret, Jean　让·波弗勒
Blochmann, Elisabeth　伊丽莎白·布洛赫曼
Bodmershof, Imma von　伊玛·冯·博德默尔斯霍夫
Boss, Medard　梅达特·博斯
Bultmann, Rudolf　鲁道夫·布尔特曼

Celan, Paul　保罗·策兰
Char, René　勒内·夏尔

Derrida, Jacques　雅克·德里达
Dilthey, Wilhelm　威廉·狄尔泰

Farías, Victor　维克托·法里亚斯

Gadamer, Hans-Georg　汉斯－格奥尔格·伽达默尔

George, Stefan　斯特凡·格奥尔格
Gröber, Conrad　康莱特·格勒培尔

Habermas, Jürgen　尤尔根·哈贝马斯
Handke, Peter　彼得·汉德克
Hegel, G. W. F.　黑格尔
Hellingrath, Norbert von　诺伯特·冯·海林格拉特
Hölderlin, Friedrich　弗里德里希·荷尔德林
Husserl, Edmund　埃德蒙德·胡塞尔

Jaspers, Karl　卡尔·雅斯贝尔斯
Jonas, Hans　汉斯·约纳斯
Jünger, Ernst　恩斯特·云格尔

Kierkegaard, Søren　索伦·克尔凯郭尔
Kommerell, Max　马克斯·科默雷尔

Lévinas, Emmanuel　伊曼纽尔·列维纳斯
Löwith, Karl　卡尔·洛维特
Luther, Martin　马丁·路德

Marcuse, Herbert　赫伯特·马尔库塞

Natorp, Paul　保罗·那托普

Platon　柏拉图

Rickert, Heinrich　海因里希·李凯尔特
Rilke, Rainer Maria　赖纳·马利亚·里尔克

Safranski, Rüdiger　吕迪格尔·萨弗兰斯基
Scheler, Max　马克斯·舍勒
Schmidt, Jochen　约亨·施密特

Spengler, Oswald　斯宾格勒
Staiger, Emil　埃米尔·施泰格
Sloterdijk, Peter　彼得·斯洛特戴克
Strauß, Botho　波托·施特劳斯

Trakl, Georg　格奥尔格·特拉克尔

Waldenfels, Bernhard　伯恩哈德·瓦尔登菲尔斯

Weizsäcker, Carl Friedrich von　卡尔·弗里德里希·冯·魏茨泽克
Wiener, Norbert　诺伯特·维纳

德汉译名对照表

Angst　畏
Aus-einander-setzung　争－辩
ausgezeichnet　别具一格的
Auslegung　解释
Anwesenheit　在场状态

Bedeutsamkeiten　意蕴
Bedrängnis　困窘
Befindlichkeit　现身情态
Bergung　庇护
Besorgen　操劳
Bewandtnis　因缘
brauchen　需用

Dasein　此在
Dekonstruktion　解构
Destruktion　解析
Dichten　作诗

Eigenen　本己之物
eigentlich　本真的
eignen　本己化
Entschlossenheit　决心
Entsprechen　应合

Entwurf　筹划
Ereignis　本有
Erscheinen　显现
Erschlossenheit　展开状态
Existenz　生存
Existenzial　生存论环节

Faktizität　实际性
formale Anzeige　形式显示
Freilegung　开显
Fundamentalontologie　基础存在论
Furcht　怕
Fürsorge　操持

Ganzheit　整体性
Geschehen　发生，演历
Geschichte　历史
Geschichtlichkeit　历史性
Geschichtswissenschaft　历史科学
Geschick　天命
Gestalt　型式
Gestell　合置
Geviert　四合
Geworfenheit　被抛状态

Geworfensein 被抛存在
gleichursprünglich 同等原初的

Historie 历史学

In-der-Welt-Sein 在世界之中存在

Kehre 回转

Leben 生活，生命
Lebenswelt 生活世界
Lichtung 澄明
Logoszentrismus 逻各斯中心主义

Machenschaft 谋制，阴谋
Man 人们
Mitdasein 共同此在
Miteinandersein 共处同在
Mitsein 共同存在
Mitwelt 共同世界

Nihilismus 虚无主义
Not 困迫
Nötigung 迫使
Notlosigkeit 无困迫状态

Offene 敞开域
Offenheit 敞开状态
ontisch 存在者层次的
Ontologie 存在论

ontologisch 存在论层次的
ontologische Differenz 存在论差异

Pathos 激情
Phonozentrismus 语音中心主义

Sache 实事，事情
Sagen 道说
Schicksal 命运
Sein 存在
Sein des Da 此之在
Sein zum Tode 向死存在
Seienden 存在者
Seiendheit 存在状态
Selbstwelt 自身世界
Seyn 存有
Sorge 操心
stellen 摆置
Sterbliche 终有一死者

Technik 技术
Temporalität 时间状态
totale Mobilmachung 总体动员
Totalisierung 总体化
Totalität 总体性

Überwindung 克服
Umwelt 周遭世界
Unheimliche 陌异可怖者
Unverborgenheit 无蔽状态

Verbergung 遮蔽	Verwindung 经受
Verfallen 沉沦	
Verfassung 建制	Wesen 本质
Vorgabe 先行给予	Wesung 本质现身
Verlassenheit 离弃状态	Wiederholung 重演
Vorlaufen zum Tod 先行向死	Wiederkehr 再临
vernehmen 觉知	
Verschlossenheit 锁闭状态	Zeitlichkeit 时间性
Verwaltungsmassenmord 有组织的大屠杀	Zerstreutheit 涣散状态

译后记

本书作者彼得·特拉夫尼，1964年出生，2000年至2007年任教于乌泊塔大学（Bergische Universität Wuppertal）。德国著名现象学家克劳斯·黑尔德（1936—　）的门生。主要研究领域涉及古希腊哲学、德国古典哲学、现象学、政治哲学，尤其对海德格尔的研究可称独到。特拉夫尼先生是海德格尔全集的编委之一，编辑出版有海德格尔全集卷69《存有之历史》、卷90《论恩斯特·云格尔》，迄今为止出版过六部著作：《马丁·海德格尔的世界现象学》（1997年）、《三位一体的时代：黑格尔与谢林三位一体思想研究》（2002年）、《海德格尔导论》（2003年）、《海德格尔与荷尔德林或欧洲的明日》（2004年）、《可想象的大屠杀：汉娜·阿伦特的政治伦理学》（2005年）、《苏格拉底或政治哲学的诞生》（2007年）。

2007年，特拉夫尼作为外籍专家被同济大学聘任，成为同济大学人文学院的专职教授。特拉夫尼先生在同济大学开设其任职后的第一门研讨课，内容即以本书为教本的"海德格尔导论"。伴随着研讨课的进程，译者轮流翻译一个小节以作课堂的参考材料，于是有了这本《海德格尔导论》的中译。

要写好海德格尔的导论需要深入浅出的功力。中文学界已经翻译出版数本有关海德格尔的导论性著作，相比之下，特拉夫尼先生在海德格尔的文本中习染经年，无论对海德格尔前期著作还是后期思想都有精深细致的研究和领会，因此，他对海德格尔思想的基本把握可堪信赖。这部导论涉及原著广泛，把握论题全面，解说概念深入浅出，布局和论述精当清晰，我们认为，不同于坊间所见的主要集中于前期海德格尔的研究介绍，它对于读者详备地了解海德格尔思想整体而言是可靠的入门梯阶。

感谢我们的导师孙周兴教授。老师热情推荐选题并安排出版事宜，我们对译名的选择也多受惠于老师先前可靠、稳健的工作。译者初习德语，水平有限，感谢特拉夫尼先生不厌其烦地或口头或书信回答译者的琐碎问题。特拉夫尼在自己家中举办的每周一次的读书会也帮助我们更进一步深入到海德格尔的文本中去。作为两位老师的学生，我们深感幸运，也诚惶诚恐。

本书的分工是：杨小刚：第一章第一、三节，第二章第一（后半部分）、三节，第三章第二节，第四章第一、三节，第五章第二节，第六章；张振华：导言，第一章第二节，第一章第一（前半部分）、二节，第三章第一、三节，第四章第二节，第五章第一、三节，以及文献述要、概念释义、生平简介。初稿完成后各自校对一遍又互校一遍。译文如有错漏，请读者不吝指正。

译者

2009年5月末

修订新版译后记

本书德文第一版出版于2003年，原名为《马丁·海德格尔》，收入坎普斯（Campus）出版社的导论系列。该版本的中译本《海德格尔导论》由同济大学出版社出版于2012年。2016年作者出版了该书的修订版，出版社更换为以《海德格尔全集》为标志性品牌的维托里奥·克罗斯特曼出版社。修订版从章节安排到具体内容都进行了大幅调整，书名也随之改为《海德格尔：一个批判性的导论》。

新版与旧版最大的区别就是增加了《黑皮本》以及海德格尔与反犹问题的相关内容。书名的更改直接表明了作者的立场变化：以反犹问题为契机，与海德格尔思想拉开距离。这些意思作者在新版导言中都做了开宗明义的交代。作者对于海德格尔反犹问题的讨论近年来在学界引起不小争议，成为一个事件，其中的是非曲直在此不做评论，愿留给读者自行判断。

本书的中文版修订工作体现在两个方面。其一是依据新版内容对中译本进行相应的增删（修订版删去了旧版中的一部分内容，同时又增扩了一部分内容，特别是有关《黑皮本》和反犹问题的部分，在章节安排上也进行了较大调整。从中译本的篇幅上看，经过增删之后的修订版比旧版多了2万多字，总体上有不少改动），其二是订正以前的一些误译，最后是根据新出版的海德格尔中译本更新和完善原先的注释信息。

译文如有错漏，请读者指正。

张振华

2021年5月初记

2022年11月再记

未来哲学丛书出版书目

《未来哲学序曲——尼采与后形而上学》（修订本）　　孙周兴 著

《时间、存在与精神：在海德格尔与黑格尔之间敞开未来》　　柯小刚 著

《人类世的哲学》　　孙周兴 著

《尼采与启蒙——在中国与在德国》　　孙周兴、赵千帆 主编

《技术替补与广义器官——斯蒂格勒哲学研究》　　陈明宽 著

《陷入奇点——人类世政治哲学研究》　　吴冠军 著

《为什么世界不存在》　　〔德〕马库斯·加布里尔 著
王熙、张振华 译

《海德格尔导论》（修订版）　　〔德〕彼得·特拉夫尼 著
张振华、杨小刚 译

《存在与超越——海德格尔与汉语哲学》　　孙周兴 著

《语言存在论——海德格尔后期思想研究》　　孙周兴 著

《海德格尔的最后之神——基于现象学的未来神学思想》　　张静宜 著

《溯源与释义——海德格尔、胡塞尔、尼采》　　梁家荣 著

《世界现象学》（修订版）　　〔德〕克劳斯·黑尔德 著
孙周兴 编　倪梁康、孙周兴 等译

《未来哲学》（第一辑）　　孙周兴 主编

《未来哲学》（第二辑）　　孙周兴 主编

图书在版编目（CIP）数据

海德格尔导论：修订版 /（德）彼得·特拉夫尼著；张振华，杨小刚译. —北京：商务印书馆，2023
（未来哲学丛书）
ISBN 978-7-100-22050-7

Ⅰ.①海… Ⅱ.①彼…②张…③杨… Ⅲ.①海德格尔(Heidegger, Martin 1889-1976) —哲学思想—研究 Ⅳ.①B516.54

中国国家版本馆 CIP 数据核字（2023）第059970号

权利保留，侵权必究。

海 德 格 尔 导 论
（修订版）

〔德〕彼得·特拉夫尼 著
张振华 杨小刚 译
张振华 修订

商 务 印 书 馆 出 版
（北京王府井大街36号 邮政编码 100710）
商 务 印 书 馆 发 行
山东临沂新华印刷物流
集团有限责任公司印刷
ISBN 978-7-100-22050-7

2023年8月第1版　开本 640×960　1/16
2023年8月第1次印刷　印张 14¼

定价：75.00元